참 한국사 이야기

이야기

4

근대~현대

참 한국사

이야기

4

근대~현대

장득진 외 5인 지음

대학수학
능력시험 및
한국사능력
검정시험
대비

주류성

720만 재외동포의 든든한 동반자
한국역사문화교육연구회
THE EDUCATION STUDIES OF KOREAN HISTORY AND CULTURE

간행사

과거로부터 지혜를 얻고 현재와 미래를 바라보는 통찰력을 넓히기 위해서는 역사 공부가 중요하다. 21세기 다변화하는 현대 사회에서 자기 나라에 대한 역사 이해는 정체성 확보를 위한 필수적 요건이다. 또한 역사를 잊으면 바람직하지 못한 역사가 되풀이 된다는 사실에서 더욱 그러하다. 이러한 이유로 한국사에 대한 관심이 높아지는 실정이다.

이 책은 몇 년 전에 나온 『신한국통사』의 대중서로 편찬하였다. 『신한국통사』는 내용이 깊고 분량이 많은 전문적인 역사서였다. 그리하여 더 많은 사람들이 읽기 쉬운 한국사 대중서의 필요성을 이 책이 어느 정도 충족하리라 본다.

근래 한국사 공부에 대한 열기로 많은 한국사 개설서가 간행되고 있다. 그러나 특정 주제로 국한되거나 일부 계층을 대상으로 하기에 교과서와 같이 전체적인 한국사의 흐름을 보여주지는 못하고 있다. 이 책은 이러한 한계를 극복하기 위해 한국사 가운데 꼭 알아야 할 사항으로 평가되면서도 학문적 검증을 거친 역사적 사실을 수록하였다.

쉽지만 꼭 필요한 내용만을 담은 이 책의 독자층은 역사를 좋아하는 초등학생부터 한국사에 관심을 가지고 있는 일반인들까지 다양할 것이다. 그만큼 읽기 쉽고 필요한 내용을 담고 있다.

이 책은 전문적으로 한국사를 공부하는 학생들에게는 적합하지 않을 수도 있겠으나 문제의 난이도가 비교적 쉬운 대학수학능력시험이나 한국사능력검정시험에서 고득점을 얻기에는 충분한 내용으로 구성되었다.

이 책은 4권으로 구성하였다. 1권은 선사시대부터 통일신라, 발해까지를 2권은 고려 시대, 3권은 조선 시대, 4권은 개항 이후부터 현대까지를 수록하였다.

이 책의 가장 큰 특징은 많은 시각 자료를 수록하여 텍스트로만 구성된 책보다는 한국사를 이해하는데 큰 도움을 준다는 점이다. 아울러 일반적으로 유적과 유물 사진을 크게 편집하고 교과서와 유사한 편집 체제를 사용하여 독자들에게 친근감을 줄 수 있을 뿐만 아니라 가독성도 높여주고 있다. 또한 어렵고 이해하기 어려운 역사 용어를 풀어 서술함으로써 쉽게 읽을 수 있다는 장점이 있다. 이 책에 수록된 사진들은 대부분 장득진이 전국의 문화유산을 찾아다니며 15년 이상 촬영해온 결과물이기도 하다.

이 책을 많은 청소년들이 읽어 바람직한 역사 인식을 가지게 되고, 나아가 일본의 역사 왜곡과 중국의 동북공정 등 한·중·일 역사 전쟁에서 우위를 점했으면 한다. 뿐만 아니라 자랑스러운 우리 역사에 대한 자긍심을 가지고 민족적인 정체성을 확립하는데 도움이 되기를 바란다.

한국역사문화교육연구회는 재외 동포들에게 한국의 역사와 문화를 알리기 위해 만들어진 단체이다. 이 책이 재외 동포들의 우리 역사 이해에 도움이 되었으면 하는 바람이다. 끝으로 이 책의 완성도를 높이기 위해 감수를 맡아 주신 최병도·김유성 선생님과 검토해 주신 신익수 선생님 및 주류성출판사 관계자들에게 깊은 감사를 드린다.

2018년 1월
한국역사문화교육연구회
대표 필자 장 득 진

차례

I 근대 국가의 수립과
국권 수호 운동

III 대한민국 정부 수립과 발전

독립문(서울 서대문)

1896년에 서재필을 중심으로 한 독립협회의 임원들이 독립문 건립을 발의하여 1897년 중국 사신을 영접하던 영은문을 헐고 그 대신에 건립한 서양식 건물이다. 건축 양식은 프랑스 개선문을 본땄다.

근대 국가의 수립과 국권 수호 운동

시민 혁명에 이어 산업 혁명으로 근대 국가로 발전한 서양 국가는 19세기에 이르러 우세한 군사력을 앞세워 우리 나라에 통상을 요구해왔다. 이 때 조선 사회는 근대화를 향한 움직임이 싹트고 있었다. 그러나 이에 제대로 부응하지 못한 채 서양 국가와의 통상을 둘러싸고 대립하게 되었고 결국 우리 보다 먼저 근대 개혁을 단행한 일본과 강화도 조약을 맺게 됐다.

일본에 이어 서양 국가에 문호를 개방한 조선은 이들의 앞선 제도와 과학 기술 등을 받아들여 근대화를 이룩하려는 개화 정책을 추진했다. 또한 개화 세력이 중심이 되어 갑신정변을 시작으로 갑오·을미 개혁 등을 통해 근대 사회의 기틀을 마련하고자 했다. 나아가 대한 제국의 광무개혁을 비롯하여 독립 협회의 활동, 애국 계몽 운동 등을 통해 나라의 부강 독립과 민중 계몽에 힘썼다. 이와 함께 동학 농민 운동과 항일 의병 전쟁을 전개하여 외세의 침략으로부터 국권을 지키기 위해 싸웠다.

이처럼 우리 민족은 많은 어려움 속에서도 근대 국가 수립을 위해 애썼다. 그러나 한반도를 지배하고자 하는 강대국의 침략은 날로 심해졌다. 러·일 전쟁에서 승리한 일본은 1905년 을사늑약을 맺어 대한 제국의 외교권을 빼앗아 보호국으로 만들었다. 1910년 우리 민족은 결국 한·일 병합 조약에 의해 일제에게 국권을 빼앗기고 식민지 지배를 받게 되었다.

한편, 개항 이후 사회 개혁이 추진되면서 신분제도가 폐지되고 평등의식도 점차 성장했다. 또한 조선은 서양의 제도와 근대 문물을 받아들이면서 근대 국가를 건설하는 과정에서 전통 사회의 생활 모습도 변해갔다. 근대 교육의 보급으로 남녀 평등 의식이 확대되었을 뿐만 아니라 여성의 사회적 지위와 인식도 달라졌다. 또한 교육, 종교, 문학과 예술 등 문화 분야에서도 새로운 변화가 생겨났다.

그때 우리는

1860	최제우, 동학 창시
1863	고종 즉위, 흥선 대원군 집권
1866	병인박해, 제너럴셔먼호 사건, 병인양요
1871	신미양요
1876	강화도 조약
1884	갑신정변
1894	동학 농민 운동, 갑오개혁
1896	아관 파천, 독립 협회 활동
1897	대한 제국 선포
1905	을사늑약
1907	국채 보상 운동, 헤이그 특사 사건
1910	국권 피탈

그때 세계는

1861	미국, 남북 전쟁(~1865)
1868	일본, 메이지 유신
1871	독일 제국 성립
1877	영국, 인도 제국 성립
1894	청 · 일 전쟁
1898	청, 변법 자강 운동
1904	러 · 일 전쟁(~1905)
1911	중국, 신해혁명

01 조선, 문호를 열다

미국 해병대의 조선 침공(신미양요, 1871년)
미국은 아시아 함대를 파견하여 조선을 강제로 개항시키려 했다. 그러나 조선 정부의 완강한 저항으로 뜻을 이루지 못하고 철수했다.

평화 – 조선 외교 사절단의 미국 방문(1883년)
조 · 미 수호 통상 조약 체결 후, 조선 정부는 미국 공사 파견에 대한 답례로 미국에 외교 사절단인 보빙사를 파견함으로 본격적으로 국제 무대에 나서게 됐다.

덕포진(경기 김포)
조선 시대의 군사 시설이다. 1679년(숙종 5) 강화의 광성보 · 덕진진 · 용두돈대와 함께 축성됐다. 한성으로 통하는 바닷길의 전략 요충지로서 병인양요 때는 프랑스 함대, 신미양요 때는 미국 함대와 싸웠던 격전지이다. 바다 건너편에 광성보가 있다. 해협이 매우 좁고 물살이 빠르고 소용돌이가 심했기 때문에 적이 침략하기 힘든 적을 방어하는 전략적 요충지이다. 고려 때 사공이었던 손돌의 무덤이 있으며, 앞의 바닷길을 손돌목이라 부르고 있다.

1. 흥선 대원군, 개혁 정치를 펼치다

19세기 중엽에 들어 조선은 안으로는 세도정치가 계속되어 국가의 기강은 무너지고 관료들의 부정부패가 매우 심하였다. 한편 외적으로는 영국, 미국 등 서구 열강의 침략이 심해지기 시작하였다. 그들은 우리나라 해안에 배를 타고 나타나 통상을 강요하였고, 천주교인 서학은 사교로 탄압을 받았다. 게다가 삼정의 문란과 가뭄, 홍수, 전염병 등의 자연재해에 백성들은 고통을 겪었다. 이 때 흥선 대원군이 등장하게 된다.

조선은 태조 이성계가 건국한 이후부터 그 후손들이 왕위에 올랐다. 이때 '대원군'이라는 칭호는 '왕의 아버지 중에서 왕이 아니었던 사람'을 뜻한다. 왕의 아버지는 당연히 이전에 왕이었어야 하지만 그렇지 못한 경우가 종종 있었다. 예를 들면, 국왕이 자신의 왕위를 이을 아들을 두지 못한 채 죽었을 때, 왕의 아들

흥선 대원군 이하응(1820년~1898년)
조선 후기의 왕족이자 정치가인 흥선군 이하응은 자신의 아들이 조선의 제26대 왕(고종)이 되면서 흥선 대원군으로 봉하여졌다. 어린 아들 대신 정치에 참여한 그는 여러 가지 개혁정책을 펼쳤다.

조선 왕실 계보

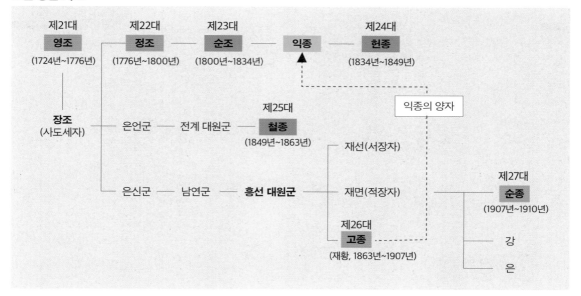

이 아닌 왕족 중에서 다음 왕이 될 사람을 정하는 경우가 이에 해당한다.

조선의 제25대 왕인 철종이 아들 없이 갑자기 죽자, 왕위를 이어받을 사람이 없었던 것이다. 그러자 왕족인 흥선군 이하응이 기회를 놓치지 않고 당시 궁중의 최고 어른인 조대비(순조의 아들인 익종<효명세자>의 부인)의 도움을 받아 자신의 둘째 아들인 명복을 익종에 입적시켜 왕위에 올린 것이다. 그가 훗날 고종으로 불리게 된 조선의 제26대 왕이다. 하지만 고종은 그때 12살의 어린 나이였기 때문에 고종의 아버지인 흥선군이 '대원군' 자격으로 왕을 대신하여 정사를 돌보게 되었다.

당시 국내 상황은 오랜 세도 정치로 인해 백성들이 고통에 빠져 있었고 심지어는 여기저기서 민란이 일어나기도 했다. 흥선 대원군은 이러한 상황을 누구보다 잘 알고 있었다. 그는 세도 정치의 잘못된 부분을 바로잡기 위해 먼저 왕의 힘을 키우고, 나아가 백성들을 잘 살게 하기 위해 조선의 힘을 키워야 한다고 생각했다. 그리하여 여러 가지 개혁 정

운현궁 노안당(서울 종로)
흥선 대원군의 집으로 고종이 왕이 된 후 확장하여 운현궁(雲峴宮)이라 불리게 됐다.

책을 강력히 펼쳤다.

먼저 흥선 대원군은 문벌을 가리지 않고 유능한 인재를 골고루 등용하고 안동 김씨 일족을 권력에서 몰아냈고, 세도 가문의 권력 기구로 변질된 비변사를 없앴다. 그리고 의정부와 삼군부를 분리하여 각각 정치와 국방 업무를 담당하게 했다. 이는 세도 가문의 세력을 약화하고 왕의 힘을 강화하기 위한 목적이었다. 또한 강화도와 한강 일대에 군사 시설을 재정비하고 신무기 제작에도 힘을 쏟는 등 국방력 강화에도 많은 노력을 기울였다.

흥선 대원군은 민생을 안정시키고, 나라의 살림을 늘릴 수 있도록 여러 제도를 바꾸는 일에도 힘썼다. 특히 '호포제'를 실시하여 양반도 일종의 병역세인 군포를 내도록 함으로써 일반 백성들에게 지지를 받았다. 하지만 양반들로부터는 큰 반발을 샀다. 지금까지 여러 가지 이유로 군포를 면제받던 양반에게도 군포를 걷는다는 것은 파격적인 개혁이었다.

만동묘(충북 괴산)

만동묘(萬東廟)는 임진왜란 때 조선을 도와준 명나라 황제 신종을 기리기 위해 화양동 서원 내에 세운 사당이다. 집권 사림 세력이었던 노론의 영수 송시열의 유언에 따라 1704년 숙종 때 창건했다. 이후 만동묘는 노론의 본거지가 되어 여론을 좌우하고 백성들을 수탈하는 등 그 폐단이 화양동 서원보다 심했다. 흥선 대원군은 서원 철폐 당시 유생들의 극렬한 반대에도 불구하고 만동묘와 화양동 서원을 가장 먼저 철폐하여 그 본보기로 삼았다. 하지만 흥선 대원군이 정치 일선에서 물러나자 민씨 세력은 유생들의 환심을 사기 위해 만동묘를 다시 복원했다.

조선은 유교 국가이기 때문에 전국 각지에 '서원'이 있었다. 서원을 설립한 본래의 목적은 선현들을 제사지내고 지방의 선비들이 학문을 갈고닦기 위한 것인데, 시간이 지나면서 각종 폐단이 나타나기 시작했다. 이에 흥선 대원군은 서원을 정리하기로 한 것이다. 500여 년 동안 유교 국가였던 조선 사회에서 흥선 대원군의 서원 철폐는 양반 유생들에게 엄청난 반발을 불러 일으켰다. 서원을 없앤다는 것은 유교를 숭상하는 선비들의 입장에서는 용납할 수 없는 일이었다. 이에 전국 각지의 유생들이 광화문 앞에 몰려나와 서원 철폐에 항의하는 집단 시위를 벌였다.

　　그러나 흥선 대원군은 이에 굴하지 않고 "진실로 백성에게 해가 되는 것이 있으면 비록 공자가 다시 살아난다고 해도 내가 용서하지 않겠다."라며 시위를 벌이던 유생들을 강제로 해산시켜 도성 밖으로 내쫓았다. 유교의 창시자라 할 수 있는 공자가 되살아난다 해도 백성들을 괴롭힌

화양서원(충북 괴산)
불에 타 없어졌으나 근래에 다시 만들었다.

　　　　참 한국사 이야기

다면 용납하지 않겠다는 말은 그의 개혁 의지를 단호하게 보인 것이다. 이처럼 흥선 대원군은 조선 사회의 국가 이념이라 할 수 있는 유교도 중요하지만 백성을 잘 살게 하는 것이 더 중요하다고 생각했다. 서원 철폐로 몰수한 서원의 토지와 노비는 나라의 재정을 늘리는데 사용하였다.

호포제 실시와 서원 철폐는 당시 양반 유생들의 심한 반발을 샀으나, 일반 백성들은 기뻐하며 지지를 보냈다. 하지만 당시 양반 유생층의 반발은 훗날 흥선 대원군이 권좌에서 물러나게 하는 결정적인 원인이 되기도 했다.

한편 흥선 대원군은 백성들을 이롭게 하는 정책을 펼치기도 했지만, 그 과정에서 백성들을 힘들게 하여 원성을 사기도 했다. 대표적인 예가 경복궁을 다시 짓기 위해 무리하게 나라의 재정을 사용하고 백성들의 생활을 어렵게 만든 것이다. 흥선 대원군은 임진왜란 때 불타버린 경복궁을 다시 짓는 일이 국왕의 권위를 세우는 데에 꼭 필요하다고 생각했다. 하지만 경복궁 중건에는 많은 돈과 노동력 등이 필요했다.

당시 나라 재정은 매우 어려운 상황이었다. 그러나 흥선 대원군은 이를 밀어붙여 각종 세금을 걷었다. 또한 농사일로 바쁘고 힘든 농민들을 경복궁을 짓는데 강제로 동원하여 백성들의 원성을 사기도 했다.

각종 세금
흥선 대원군은 경복궁 중건에 필요한 돈을 마련하기 위해 강제 기부금인 원납전과 한양을 출입하는 4대문의 통행세 등을 내도록 했다.

이때 그는 경복궁을 짓기 위해 당백전이라는 화폐를 발행했다. 당백전은 기존 화폐의 100배 명목 가치에 달한다는 화폐였다. 나라의 재정을 늘리기 위해 마구잡이로 화폐를 발행하다 보니 물가가 크게 올라 백성들의 생활이 더욱 어려워지고 경제혼란이 심해졌다.

이처럼 흥선 대원군은 어린 아들을 대신하여 나라를 다스리면서 세도 정치의 잘못된 점을 바로잡고 여러 개혁을 통해 백성들의 생활을 돌보며 왕권 강화를 꾀했다. 반대로 백성들의 생활을 힘들게 하기도 했다. 근대화라는 시대적 흐름에서 볼 때, 흥선 대원군의 개혁은 조선 왕조의 전통적인 통치 체제를 유지하려는 개혁이었다는 점에서 한계를 지니고 있었다.

당백전(當百錢)
흥선 대원군이 1866년에 발행한 고액의 화폐로 뒷면에 호대당백(戶大當白)이라는 글자가 새겨져 있다. 이는 기존에 쓰이던 화폐인 상평통보 1문의 100배 가치와 맞먹는다 하여 당백전이라 불렸지만, 실질 가치는 5~6배에 지나지 않았다.

경복궁 근정전(서울 종로)
조선 후기의 전각으로 경복궁에서 가장 웅장한 건물이다. 이 건물의 명칭인 근정전은 조선 건축을 주도한 정도전이 정했는데 '근정(勤政)'은 '정치에 부지런히 힘쓴다'는 뜻으로 나라를 통치하는 사람에게는 부지런함이 요구된다는 것이었다. 근정전은 조선 초기부터 역대 국왕의 즉위식이나 대례, 외국의 사신 접견 등 큰 행사를 거행하던 곳이었다. 근정전 앞에서는 과거 시험을 치르고 합격자를 발표하기도 했다. 현재의 건물은 1867년 흥선 대원군 집권 때 중건된 것이다.

경복궁 경회루(서울 종로)
조선 후기의 누각으로 근정전 서북쪽에 있는 방형 연못 안에 세운 건물로 나라의 경사가 있을 때 연회를 베풀기 위한 곳이었다. 경회루에서 경회(慶會)에는 '임금과 신하가 서로 덕으로써 만나다'라는 의미가 담겨 있는데, 이 뜻에 맞게 임금과 신하들이 함께 연회를 베푸는 장소로도 활용됐다고 한다. 이곳에서는 과거 시험을 치르고 합격자를 발표하기도 했다. 현재의 건물은 1867년 흥선 대원군 집권 때 중건된 것이다.

참 한국사 이야기

경복궁 향원정(서울 종로)
경복궁에 있는 조선 시대의 정자로 경회루의 서북쪽 넓은 터에 있는 향원지 안의 작은 동산 위에 있다. 1867년~1873년 사이 고종 때에 지어진 것으로 추정되는 이곳은 왕과 그의 가족들이 휴식을 취하는 공간이었다고 한다. 한편, 전기가 처음 들어온 곳이기도 하다.

석파정(서울 종로)
흥선 대원군의 별서이다. 별서는 휴양하기 위한 별장과 같은 가옥이다.

더 알아보기

서원 (書院) 철폐

흥선 대원군이 명령을 내려 나라 안 서원을 모두 허물고 서원에 있는 유생들을 쫓아 버리도록 했다. 감히 항거하는 자가 있으면 반드시 죽이라 했다. 사족(士族)들이 크게 놀라서 온 나라 안이 들끓었고 궁궐문에 와서 울부짖는 자도 수 십만이나 됐다. 조정에서는 어떤 변고라도 있을까 염려하여 대원군에게, "선현의 제사를 받드는 것은 선비의 기풍을 기르는 것이니, 이 명령만은 거두기를 청합니다."라고 했다. 이에 대원군이 크게 화를 내며, "진실로 백성에게 해되는 것이 있으면 비록 공자가 다시 살아난다 하더라도 나는 용서하지 않겠다. 하물며 서원은 우리나라 선유를 제사하는 곳인데, 지금은 도둑의 소굴이 됨에 있어서이다."라며 서원 철폐를 강행했다.

박제형, 『근세조선정감』 상

2. 흥선 대원군, 척화비를 세우다

더 알아보기

이양선 출몰

올해 여름과 가을 이래로 이양선이 경상, 전라, 황해, 강원, 함경 5도에 몰래 출몰하매 쫓으려 해도 따라갈 수가 없었다. 혹 상륙하여 물을 길어가기도 하고 때로는 고래를 잡아 양식으로 삼기도 하는데 그 선박의 수는 헤아릴 수가 없다.

－『헌종실록』권15, 헌종 14년 12월 기사 －

통상
국가 간에 서로 교류를 하며 문물을 주고받는 것을 의미한다.

흥선 대원군이 나라를 다스리기 전부터 우리나라 바다에는 이양선(異樣船)이 자주 나타났다. 이양선이란 '이상한 모양의 배'라는 뜻인데, 당시 우리나라 사람들의 눈에서는 서양의 배가 이상한 모양의 배였기에 붙인 이름이다. 그럼 서양의 배가 왜 우리나라 앞바다에 자주 나타났을까? 그것은 서양 국가들이 배를 몰고와 우리나라에 통상을 요구했기 때문이다. 하지만 조선 사회는 서양 세력을 믿지 않고 경계 하였으므로 그들의 통상 요구도 받아들이지 않았다.

한편, 당시 조선 사회에는 천주교라는 새로운 종교가 퍼져 나갔다. 프랑스 선교사들을 통해 널리 전파되던 천주교는 고단한 생활을 하던 백성들에게 큰 위로가 되어주었다. 그런데 문제는 천주교에서 주장하는 평등 사상이 지배층인 양반들이 보기에는 매우 불온한 사상으로 보였다. 조선 사회는 양반중심의 신분제 사회인데 천주교를 통해 평등 사상이 전파되기 시작하면 신분 질서가 무너진다고 생각한 것이다.

이처럼 천주교와 관련해 혼란스러운 국내외 상황에서 더 이상 두고

잠두봉(절두산) 유적지(서울 마포)
1860~70년대에 수많은 천주교 신자가 이곳에서 목이 잘려 산을 이루었다 하여 '절두산'이라 불렸다. 천주교 측에서는 이 자리에 성당을 지어 순교자를 기리고 있다.

볼 수 없다고 판단한 흥선 대원군은 프랑스 선교사들과 천주교도들을 잡아들여 처형하기에 이르렀다. 훗날 이 사건을 계기로 전쟁이 벌어질 줄은 아무도 예상하지 못했다. 바로 프랑스가 이 소식을 접하고는 자국의 선교사들을 처형한 것을 구실삼아 강화도를 침략해온 이 사건을 병인양요(1866년)라고 한다.

조선은 프랑스 군대를 상대로 한성근 부대가 문수산성에서, 양헌수 부대가 정족산성에서 각각 전투를 벌였다. 특히 양헌수 부대는 정족산성에서 승리하여 프랑스군에게 타격을 주었다. 하지만 조선군의 피해도 클 수밖에 없었다. 이때 프랑스군이 강화도 외규장각에 있던 왕실 의궤 등 소중한 문화재들을 약탈해갔다.

병인양요 이후 서양에 대한 반감과 경계심이 점점 높아져가던 무렵, 독일의 상인 오페르트의 만행이 있었다. 그가 조선 정부에게 통상을 요구하자 조선은 응하지 않았고, 이에 협상을 하려고 흥선 대원군의 아버지인 남연군의 무덤을 도굴하는 사건(1868년)을 벌렸다. 아버지의 묘가 도굴 당했으니 흥선 대원군의 분노는 극에 달했다. 유교 국가인 조선에서는 상상할 수 없는 참담한 일이 일어나자 흥선 대원군뿐만 아니라 백성들도 크게 분노했다. 이 사건을 계기로 흥선 대원군은 서양과의 통상을 더욱 배격하였다.

한편, 병인양요가 일어나기 앞서 미국의 상선 제너럴셔먼호가 평양

양헌수 승전비(인천 강화)

대동강에서 불태워진 일이 있었다(1866년). 이들은 평양에서 무리하게 통상을 요구하며 약탈 행위를 벌이다가 평양 군민들의 응징을 받았다. 이 사건이 있은 지 5년 뒤, 미국은 프랑스처럼 제너럴셔먼호 사건을 구실삼아 강화도를 침략해 왔다. 이 사건을 신미양요(1871년)라고 한다. 당시 미국군의 침략 목적은 겉

강화부 외규장각을 약탈하는 프랑스군
(르몽드 일뤼스트레, 1866. 3. 16)

외규장각(인천 강화)
정조 때 왕실 관련 서적의 안전한 보관을 목적으로 강화도에 설치한 도서관으로 왕립도서관인 창덕궁 내 규장각의 부속 도서관 역할을 했다.

남연군 묘(충남 예산)
1868년 독일인 오페르트가 조선과의 통상교섭에 실패하자 흥선 대원군과 통상 문제를 흥정하기 위해 이 묘의 시체와 부장품을 도굴하려다가 미수에 그쳤다.

으로는 제너럴셔먼호 사건에 대한 보복이었으나, 실제로는 우리나라와 통상 조약을 맺기 위해서 였다.

　조선의 어재연 장군은 미국군에 맞서 용감하게 싸웠지만, 미국의 화력이 월등히 우수해 많은 피해를 입었다. 이처럼 조선군에 막대한 피해를 입히며 통상을 요구하던 미국은 조선 정부가 완강하게 저항하자 포

미국 상선 제너럴셔먼 (General Sherman)호
1866년 8월 제너럴셔먼호는 평양 대동강으로 거슬러 올라가 무력으로 통상을 요구하다가 평양 군민들에 의해 불태워졌다. 이 사건을 계기로 1871년 신미양요가 일어났다.

기하고 돌아갔다.

이처럼 두 차례의 전쟁을 겪은 뒤 흥선 대원군은 서양과의 통상은 절대 있을 수 없는 일이라고 못 박았다. 그는 이를 경계하기 위해 전국 각지에 척화비를 세워서 통상 수교 거부 의지를 분명히 했다.

흥선 대원군의 이러한 선택으로 인해 조선은 서양의 근대 문물을 보다 더 빨리 받아들일 수 있는 기회를 놓쳤다. 그러나 반대로 사전에 아무런 준비도 없이 통상을 일찍 받아들였다면, 조선을 집어삼키려는 서양 세력의 숨겨진 욕심을 막을 수 없었을 것이다.

척화비
'서양 오랑캐가 침범하는 데도 싸우지 않으면 화친하는 것이요, 화친을 주장하는 것은 매국하는 것이다. 우리의 만년자손에게 경고하노라. 병인년에 짓고 신미년에 세우다.' (洋夷侵犯 非戰則 和 主和賣國 戒我萬年子孫 丙寅作 辛未立)

3. 근대 조약을 맺고 문호를 개방하다

병인양요와 신미양요를 겪으면서 조선 사회에는 서양과 통상을 해선 안 된다고 주장하는 사람들이 많았으나 모든 사람이 그렇게 생각한 것만은 아니었다. 1873년부터 흥선 대원군이 물러나고 고종이 직접 정치를 맡아 보기 시작하자, 그동안 흥선 대원군의 위세에 눌려 외국과의 개항을 선뜻 나서 주장하지 못하던 사람들이 하나 둘씩 고개를 들고 자신들의 주장을 나타내기 시작한 것이다.

서양의 발달된 문물과 기술을 받아들여 조선을 발전시켜야 한다는, 이른바 '개화 정책'을 주장하는 사람들이 힘을 얻게 되었다. 이들을 개화파라고 하는데, 서양 세력과의 경쟁에서 이기기 위해서는 외국과의 통상을 통해 발달된 문물을 받아들여 우리나라를 근대화하고 발전시켜야 한다고 주장했다.

하지만 여전히 개화 정책을 반대하는 사람들도 많았다. 당시에는 주변의 여러 강대국이 조선을 강제로 개항시켜 통상을 강요하려 하였기 때문이다. 이들 입장에서는 서양과 통상을 허용하기 시작하면 서양이 우리나라를 침략할 수 있는 기회를 주게 될 것이라고 생각하였다.

이처럼 국내에서도 개항을 두고 의견이 갈라지고 있던 때 일본이 운요호 사건(1875년)을 일으켰다. 운요호 사건이란 일본이 조선 해안의 측량을 구실로 군함 운요호를 보내 강화도 부근에서 의도적으로 조선군을 자극하여 전투를 일으키고, 이를 조선 정부의 책임으로 돌렸던 일이다. 근대식 군함인 운요호는 해안 경비를 서던 조선 수군의 공격을 받자 함포 공격을 하고 영종도에 상륙하여 조선 수군을 공격하였다. 일본 정부는 이를 구실삼아 조선 정부에 통상 조약을 맺을 것을 강요했다. 이러한 일본 정부의 강제적인 요구에 많은 사람이 개항을 해선 안 된다고 반대했다. 그러나 조선 정부는 강력한 군사력을 갖춘 일본 정부의 요구를 들어줄 수밖에 없었다

이처럼 운요호 사건을 계기로 1876년 조선은 일본과 통상 수교 조약(조일 수호 조규, 일명 강화도 조약)을 맺고 마침내 문호를 열게 되었다. 강화도 조약은 우리나라가 외국과 맺은 최초의 근대적 조약으로, 그동안 서양 국가와 통상을 거부하던 폐쇄적 주장에서 벗어나 서양과 자유롭게 교류할 수 있도록 하는 계기가 되었다.

이제 외면적으로 우리나라는 외국의 근대 문물과 발달된 기술을 받아들여 나라를 발전시킬 수 있는 기회를 가질 수 있게 되었다. 하지만 강화도 조약 체결에는 이처럼 좋은 면만 있

일본 군함 운요호

개항
개항이란 항구를 개방하는 것을 의미하는데, 쉽게 말하자면 국가 간에 문물을 주고받을 수 있도록 수입과 수출을 허가하는 것을 뜻한다.

개화 정책
서양과의 통상과 교류를 허용하여 나라를 발전시키는 것이 중요하다고 주장하는 정책이다.

지는 않았다. 강화도 조약이 체결된 과정을 보면 알 수 있듯이, 조선은 일본의 강압적 요구에 의해 조약을 맺을 수밖에 없었고 이 과정에서 일본에게 많은 것을 양보하고 그들의 요구를 들어주어야만 했다. 나라와 나라 사이의 외교 조약은 자유롭고 평등한 관계에서 서로의 이익을 위해서 맺는 것이지만, 당시의 조선은 힘이 약했기 때문에 일본의 요구 사

강화도 조약 체결 축하연
(1876.2.27)

연무당터(인천 강화)
강화도 조약이 체결된 장소이다.

참 한국사 이야기

항을 들어줘야만 했다. 흥선 대원군이 외국과의 통상을 거부한 사실은 이러한 점을 걱정했기 때문이었다.

강화도 조약의 세부 조항을 살펴보자. 여기서 일본의 항해자가 조선 해안을 자유롭게 측량하도록 허용하는 조건이나, 일본의 국민이 조선 국내에서 범죄를 저질러도 조선 정부의 처벌을 받지 않고 일본관리인 영사가 재판하는 치외법권(영사재판권)을 인정하였는데, 이는 모두 조선 의 주권을 심각하게 침해하는 사항이었다. 또한 이후 추가로 맺은 부속 조약에서 조선의 양곡을 일본이 무제한으로 유출할 수 있도록 허용했는 데, 이는 이후 방곡령을 선포하게 되는 원인이 되기도 하였다. 결국 이 런 것들은 이후 일본이 정치적, 군사적, 경제적으로 조선을 침략하는 발 판이 됐던 셈이다.

일본과 강화도 조약을 맺은 뒤, 조선은 미국과 조·미 수호 통상 조약 (1882년)을 맺었다. 미국과 맺은 조약의 내용은 먼저 조선과 미국 중 한 나라가 다른 나라의 침략을 받았을 때 서로 돕는다는 약속이 있었으나 이는 후일에 제대로 지켜지지 않았다. 또한 조약에는 치외 법권과 최혜 국 대우 등을 허용하는 규정이 들어있었다.

조선은 청나라와도 조·청 상민 수륙 무역 장정(1882년)을 맺었고, 영

더 알아보기

조 · 일 수호 조규
(일명 : 강화도 조약, 병자 수호 조약, 1876.2.27)

제1관 조선은 자주국이며, 일본과 평등한 권리를 가진다.
제4관 조선 정부는 부산 외에 2개 항구를 개항하고 일본인이 통상하는 것을 허가한다.
제7관 조선국 연해의 섬과 암초는 극히 위험하므로 일본국의 항해자가 자유롭게 해안을 측량하도록 허가한다.
제10관 일본국 인민이 조선국 항구에서 죄를 지었거나 조선국 인민에게 관계되는 사건은 모두 일본국 관원이 심판한다.

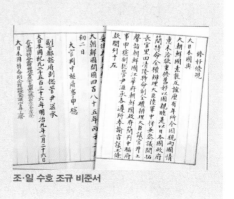

조·일 수호 조규 비준서

국·독일·러시아·프랑스 등과 차례로 조약을 맺었다. 이 가운데 청나라와 조약은 조전과 중국 상인의 통상에 관한 규정으로 얼핏보면 서양 여러 나라의 조약체결과 같은 형식이었다. 그러나 공법상의 절차가 없는 비준서 형식의 종속관계의 성격이 짙었다. 이처럼 조선은 서양 여러 나라와 조약을 체결함으로써 중국 중심의 전통적인 사대 외교에서 벗어나 세계 여러 나라와 정식으로 조약을 맺고 교류를 하게 됐다.

화도진 조·미수호조약 표지석(인천 중구)
조 · 미 수호 통상 조약이 체결된 곳을 기념하여 세운 표지석이다.

화도진 동헌(인천 동구)
조 · 미 수호 통상 조약이 체결된 장소이다. 현재 화도진 공원 안에 복원되어 있다.

조선 정부의 각 국과 조약 체결

조약명	체결국	조선 대표	해당국 대표	체결 일시	체결 장소	체결 과정
조 · 일(朝日) 수호 조규	일본	신헌	구로다	1876. 2. 26	강화도	독자적 체결
조 · 미(朝美) 수호 통상 조약	미국	신헌	슈펠트	1882. 5. 22	인천	청 중재
조 · 청(朝淸) 상민 수륙 무역 장정	청	조영하	이홍장	1882. 8. 23	톈진(중국)	임오군란 계기
조 · 영(朝英) 수호 통상 조약	영국	조영하	윌스	1882. 6. 6	인천	청 중재
조 · 영(朝英) 수호 통상 조약(개정)		민영목	파크스	1883. 11. 26	인천	독자적 체결
조 · 독(朝獨) 수호 통상 조약	독일	민영목	자페	1883. 10. 27	인천	청 중재
조 · 로(朝露) 수호 통상 조약	러시아	김윤식	베베르	1884. 7. 7	서울	독자적 체결
조 · 불(朝佛) 수호 통상 조약	프랑스	김만식	코고르당	1886. 6. 4	서울	독자적 체결

참 한국사 이야기

조·미 수호 통상 조약(1882.5.22.)

제1조 조선과 미합중국 및 그 인민은 영원히 평화 우호를 지키되, 만약 어느 한 나라가 제3국으로부터 어려움을 겪을 경우 원만한 타결을 하도록 주선을 다함으로써 그 우의를 표한다.

제2조 조선과 미합중국은 외교 대표를 상호 교환하여 두 나라의 수도에 주재시키고, 통상 항구에 영사관을 설치하되 이는 자국의 편의에 따른다.

제4조 미합중국 인민이 조선에서 조선 인민의 재산을 훼손하면 미합중국 영사나 그 권한을 가진 관리만이 미합중국 법률에 따라 처벌한다.

제5조 무역을 목적으로 조선에 오는 미합중국 상인 및 상선은 수출입 상품에 대해 관세를 지불한다.

제11조 양국 학생으로 언어, 문자, 법률 또는 기술을 학습하기 위해 왕래하는 자는 돈독한 친목의 우의로서 가능한 모든 보호와 원조를 하여야 한다.

제14조 조약을 체결한 뒤 조약에 부여되지 않은 어떠한 권리나 특혜를 다른 나라에 허가할 때에는 자동적으로 미합중국 관민에게도 똑같이 주어진다.

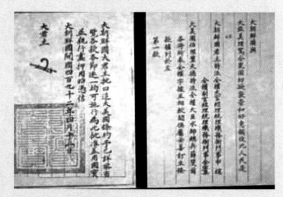

조·미 수호 통상 조약 원본

조·청 상민 수륙 무역 장정(1882.8.23.)

제1조 청의 상무위원을 서울에 파견하고 조선국 고위 관리를 톈진(天津)에 파견한다. 청의 북양 대신과 조선 국왕은 대등한 지위를 가진다.

제2조 조선에서 청의 상무위원의 치외법권을 인정한다.

제4조 베이징(北京)과 한성의 양화진에서 개잔(開棧) 무역을 허락하되 양국 상민의 내지 행상을 금한다. 다만 내지 행상이 필요할 경우 지방관의 허가서를 받아야 한다.

제6조 조선 상인이 청에 가지고 간 홍삼은 관세를 100분의 15로 한다.

제7조 청 선박의 항로 개설권, 청국 병선의 조선 연해 내왕권 및 조선 국방 담당권을 허용한다.

02 개화 운동과 근대 개혁을 추진하다

갑신정변 주역들
(왼쪽부터) 박영효, 서광범, 서재필, 김옥균

우정총국(서울 종로)
1884년 고종이 우편 업무를 관장하기 위해 설치한 관서로 우정국의 개업을 알리기 위한 축하연을 베푸는 자리에서 갑신정변이 일어났다. 갑신정변 이후 고종에 의해 폐지됐다.

1. 개화 정책을 펼쳐 나가다

일본과 강화도 조약을 체결한 후 조선 정부는 본격적으로 개화 정책을 추진하여 나라를 발전시키기로 했다. 고종은 이를 위해 개화를 주장하는 신하들을 앞세워 그들의 의견에 귀를 기울이기 시작했다. 그러나 여전히 옛날의 사고 방식을 버리지 못한 관료들과 유생들은 정부의 이러한 개화 정책에 격렬히 반대했다.

하지만 이런 상황에서도 개화 정책을 추진한 고종은 개화파 인사들을 일본에 두 차례(1876년, 1880년)에 걸쳐 수신사로 보내며 그들의 발달된 경제·사회·문화·교육 등을 살피도록 했다. 시찰 후 돌아온 수신사 일행은 일본의 발달된 모습, 빠르게 변화하는 서양과 주변국들의 상황에 대해 보고하였다.

이에 자극받은 고종은 개화 정책을 본격적으로 추진해야겠다고 결심하였다. 그는 개화 정책을 실시하여 나라를 하루빨리 경제적, 군사적으로 발전시켜야 외세로부터 나라를 지킬 수 있다고 생각했다.

수신사
조선 후기 일본에 파견한 외교 사절로서 이전까지는 일본에 파견하는 사신을 통신사라 불렀으나 강화도 조약 이후 수신사로 그 명칭이 바뀌었다.

수신사로 파견된 김기수
1876년 고종의 명에 의해 일본에 수신사로 파견됐다. 그의 일본 견문기는 직접 저술한 『일동기유』, 『수신사 일기』에 잘 나타나있다.

제1차 수신사로 파견된 김기수
일행이 일본 요코하마 도착 장면을 그린 삽화이다(1876년)

12사(司)와 주요 담당 업무

사대사	중국과 외교 업무
교린사	일본 및 주변국 외교 업무
군무사	군사 업무
변정사	국경 사무 및 대외 교섭 업무
통상사	외국과의 통상 업무
군물사	병기 제조 업무
기계사	기계 제조 업무
선함사	선박 · 군함 제조 업무
기연사	연안 입 · 출입 선박 관리 업무
어학사	통역 및 문학 번역 업무
전선사	관리 선발과 관수품 조달 업무
이용사	재정 업무

고종은 통리기무아문(1880년)을 설치하여 개화 정책을 총괄하게 하고, 이를 중심으로 개혁에 착수하기 시작했다. 통리기무아문 아래 12사를 두어 외교, 군사, 산업 등의 업무를 담당하게 했다.

또한 고종은 군사 제도를 새로이 고쳐 기존의 5군영을 2영으로 통합하고, 이와 별도로 신식 군대인 '별기군'(일명 교련병 또는 왜별기라 불림)을 창설했다. 별기군에는 일본에서 들여온 새로운 무기를 지급하고 일본인 교관을 채용하여 근대적 군사 훈련을 받도록 했다.

개화 정책에 대한 고종의 의지는 여기서 그치지 않았다. 일본에 수신사에 이어 '조사시찰단'을 보내 분야별로 근대 문물을 자세히 조사하고 배워오도록 했다. 또 청나라에는 '영선사'를 보내 무기 제조 기술과 군사 훈련법을 배워오도록 했다.

특히 청나라에 갔던 영선사는 이후 조선 최초의 신식 무기 제조 공장인 기기창을 설치하는데(1883년) 역할을 하기도 했다. 또한 인쇄 및 출판 업무를 담당하는 박문국(1883년)과 우편 업무를 담당하는 우정국(1884년)

기기국 번사창(서울 종로)
조선 시대 무기고였다.

을 잇따라 설치하였다. 또한 '보빙사'를 보내 미국을
돌아보고 오도록 했다. 조·미 수호 통상 조약의 체결로
미국이 공사 푸트(Foote, L. H)가 한국에 오자 이에 대한
답례로 민영익·홍영식·서광범등을 파견하였던 것이
다. 이들은 미국 대통령 아서(Arthur)를 접견하고 국서
와 신임장을 제출하고 여러 곳을 방문·시찰하였다.

이처럼 고종은 나라 발전을 위해 여러 개화 정책을
추진했지만, 결과적으로 그의 이러한 노력은 큰 결실
을 이루지는 못했다. 그 이유는 당시 조선의 상황은 개
화 정책에 모든 노력을 집중하고 쏟아 부을 만큼 의견
이 모아지지 않았다는 데 있다. 여전히 옛것을 고집하
고 개화 정책을 거부하는 사람들이 상소문을 올리고
반대 의사를 굽히지 않았다. 개화 정책으로 인해 갑자기 새로운 제도가
도입되면서 조선 사회 내부에서는 갈등의 씨앗이 생기기 시작했
던 것이다.

여기에 당시 조선과 서양의 기술 수
준 차이는 여전히 심했다. 조선 정부는
재정이 넉넉하지 못하고 가난해서 개화
정책에 많은 돈을 사용할 수가 없었고, 외국

조선 외교 사절단 보빙사 일행과 아서 미국 대통령의
접견 모습을 그린 삽화(뉴욕에서 발행되는 주간지 「뉴
스 페이퍼」, 1883. 9. 29자)

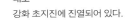

대포
강화 초지진에 진열되어 있다.

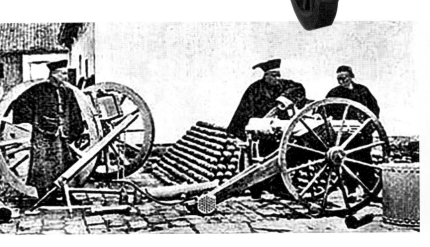

대포
청나라가 양무 운동의 일환으
로 서양의 군사 기술을 받아들
여 금릉 제조소에서 제작한 대
포이다. 조선 정부가 청에 영선
사를 파견하여 습득하고자 한
것도 무기 제조 기술이었다.

에 다녀온 개화 사상가나 신하들도 지식이 부족해 서양의 기술을 배워 오기엔 무리가 있었다. 그러므로 정작 서양의 기술을 조선에 도입하려고 해도 이를 온전히 외국에게 의존할 수밖에 없었으므로 기술을 발달시키는 데는 한계가 있었다.

2. 임오군란이 일어나다

개화 정책이 본격적으로 추진되면서 이를 둘러싸고 찬성하는 사람들과 반대하는 사람들 사이의 갈등이 점점 커졌다. 개화 정책에 관심이 없던 사람이라도, 갑자기 여러 제도가 바뀌면서 피해를 보면 당연히 반대를 할 수밖에 없었다.

그 대표적인 예가 구식 군대의 군인들이었다. 구식 군인들은 신식 군대인 별기군과 비교해 처우가 매우 나빴고, 심지어는 나라 재정이 부족하다는 이유로 13개월이나 급료를 받지 못하는 일까지 생겼다. 그러자 구식 군인들은 자신들에 비해 급료나 장비 등에서 대우가 훨씬 좋은 신

별기군 훈련 모습
앞에 있는 지휘관은 일본인 교관이다. 당시 별기군에 대한 조선 정부의 관심이 매우 높았고, 모든 대우가 구식군인들과 비교해 아주 좋은 편이었다고 한다. 그래서 별기군은 시기의 대상이 되기도 했다.

식 군대인 별기군에게는 '왜별기'라 하여 반감을 품게 됐다. 그 이유는 앞서 설명한 대로 별기군은 일본식 무기와 일본인 교관을 채용하고 있기 때문이었다.

왜별기
'왜(倭)'라는 뜻은 당시 일본을 낮춰 이르는 말이었다.

이러한 상황에서 구식 군인들에게 밀린 급료 중 1개월분을 지급했는데, 그 쌀에 겨와 모래가 많이 섞여 있었고 그 양도 많이 부족했다. 그동안 나쁜 처우에도 꾹 참았던 구식 군인들은 이 일로 분노했다. 이에 몇몇 군인이 쌀을 준 담당 기관에 가서 따지다가 폭력 사태가 일어났다. 하지만 정부는 오히려 주동자를 체포해 가혹하게 고문하고 처벌하였다. 이 사실을 알게 된 구식 군인들이 더 이상은 참을 수 없다고 하여 난을 일으켰으니, 이 사건이 바로 임오군란(1882년)이다.

한편, 고종이 개화 정책을 펼치는 동안 이를 못마땅하게 여긴 사람이 있었다. 바로 고종에게 권력을 물려주고 뒤로 물러나야 했던 흥선 대원군이다. 개화 정책을 펼치는 조선이 잘못된 방향으로 가고 있다고 생각하던 흥선 대원군은 다시 정권을 잡기 위해 기회를 엿보고 있었다. 그러할 때 난을 일으킨 구식 군인들이 흥선 대원군에게 손을 내밀었다. 난을 일으킨 군인들의 입장에서는 자신들의 입장을 대표해줄 수 있는 사람이

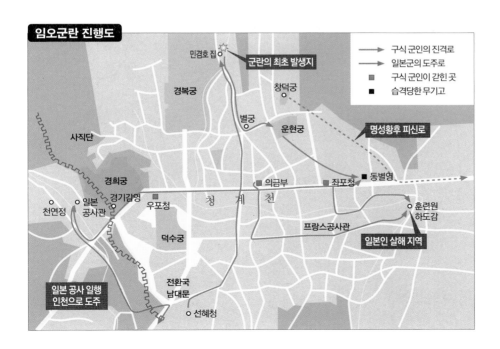

임오군란 진행도

민겸호 집 — 군란의 최초 발생지
경복궁
창덕궁
별궁
운현궁 — 명성황후 피신로
사직단
경희궁
의금부 — 좌포청 — 동별영
일본 공사관 — 경기감영 — 우포청 — 청 계 천
천연정
훈련원 하도감
프랑스공사관
덕수궁 — 일본인 살해 지역
일본 공사 일행 인천으로 도주
전환국 남대문
선혜청

→ 구식 군인의 진격로
→ 일본군의 도주로
■ 구식 군인이 갇힌 곳
■ 습격당한 무기고

필요했고, 흥선 대원군은 임오군란이 자신이 권력을 되찾을 절호의 기회라고 여겼다.

구식 군인들은 먼저 일본 공사관을 습격해 불태우고 일본인 13명을 살해했다. 이어 별기군 병영을 습격하여 일본인 교관 또한 살해했다. 더욱 과격해진 군인들은 이에 그치지 않고 궁궐로 쳐들어가 궐내를 뒤졌다. 당시 정부 조직은 고종의 부인인 명성황후와 민씨 척족 세력이 대부분의 권력을 차지하고 있었는데 이들을 제거하기로 한 것이다. 군인들의 난입에 명성황후는 궁녀 옷으로 변장하여 간신히 궁궐을 빠져나온 뒤 충주로 도망가 목숨을 건지게 되었다. 이처럼 임오군란으로 다시 권력을 잡게 된 흥선 대원군은 개화 정책의 핵심 기구였던 통리기무아문을 폐지하고 별기군을 없애기로 하는 등 그동안의 개화 정책을 없던 일로 했다.

한편 임오군란의 화를 면한 명성황후는 청나라에 도움을 요청했다. 이에 청나라는 서둘러 군대를 파견하기로 했다. 청나라가 군대를 파견하는 것은 다른 의도가 숨어있었다. 청나라는 임오군란으로 공사관이 파괴되

명성황후 피란 유허비(충북 충주)
임오군란 때 명성황후가 피란한 곳이다.

군민의 공격을 받고 도주하는
일본 공사관 일행(상상도)

참 한국사 이야기

고 일본인이 살해되기도 하는 등 큰 피해를 입은 일본이 자신들보다 먼저 조선으로 군대를 파견할거라 생각한 것이다. 그렇게 되면 조선에 대한 주도권을 일본에 빼앗길 것이라고 염려한 청나라는 한발 앞서 재빨리 군대를 파견하였다.

이처럼 청나라는 명성황후의 도움 요청을 구실삼아 조선을 구한다는 명목으로 3천 여 명의 군대를 조선에 보내 임오군란을 진압하였다. 그리고 홍선 대원군을 임오군란의 책임자로 지목하여 청나라로 강제로 데리고 갔다. 이로써 다시 권력을 잡는 듯했던 홍선 대원군의 야심은 33일 만에 실패로 돌아갔고, 임오군란도 막을 내리게 됐다.

청의 톈진 보정부 구금 시절의 홍선대원군 모습(당시 63세)
그는 임오군란 때 끌려가 청에서 3년 동안 구금 생활을 했다.

임오군란은 마무리됐지만 그 피해는 고스란히 조선 정부가 질 수밖에 없었다. 조선은 일본 정부와 제물포 조약을 맺어 임오군란 때 살해된 일본인들과 파괴된 일본 공사관에 대한 사죄와 배상금을 지불할 것, 일본 공사관에 경비병 주둔을 허가하도록 하는 것 등을 요구했다. 조선 정부는 이를 들어줄 수밖에 없었다. 또한 피신했던 명성황후의 세력들이 다시 권력을 잡게 되면서 조선에 대한 청나라의 간섭이 한층 심해졌다.

제물포 조약
1882년 임오군란으로 발생한 일본측에 피해 보상 문제를 다루기 위해 일본과 맺은 조약을 말한다.

더 알아보기

제물포 조약(1883.8.30.)

제1조 범인 체포는 20일로 한정하고 기한 내에 체포하지 못 할 경우 일본 측이 맡아서 처리한다.

제2조 일본 관리로서 조난을 당한 자를 후하게 장사지낸다.

제3조 일본인 조난자 및 그 유족에게 5만원의 보상금을 지급한다.

제4조 일본군의 출동비 및 손해에 대한 보상비로 50만원을 조선측이 지불한다.

제5조 일본 공사관에 군대를 상주시키고 병영의 설치 및 수선 비용을 조선측이 부담한다.

3. 갑신정변, '3일 천하'로 끝나다

임오군란(1882년) 이후 조선 사회에는 미묘한 변화가 생겨났다. 임오군란을 진압하고 민씨 세력들이 권력을 다시 잡는 과정에서 청나라의 도움을 받았다. 따라서 임오군란 이후 조선 정부는 청나라의 눈치를 살필수밖에 없었다. 이에 따라 조선 정부에 대한 청나라의 간섭이 점점 심해졌다.

친청 사대(親淸 事大) 정책
청나라와 친하게 지내며 청나라를 섬기는 것을 의미한다.

이러한 민씨 세력의 친청 사대 정책을 바라보는 개화파의 시선도 두 갈래로 나눠지기 시작했다. 개화파 인사들은 개화 정책을 어떻게 진행할 것인지, 얼마나 빠른 속도로 진행할 것인지, 어떤 나라를 개혁모델로 삼아 진행할 것인지를 두고 대립하게 되었다.

먼저 급진 개화파로 불리는 김옥균, 박영효 등은 민씨 정권의 친청 사대 정책에 매우 비판적이었다. 그들은 조선 정부에 대한 청의 간섭을 없애야만 진정한 개화 정책과 발전을 이룰 수 있다고 생각했다. 또한 이들은 일본을 개화의 모델로 삼았고 서양의 과학 기술뿐만 아니라 사상, 법, 제도까지 받아들여 급진적 개혁을 실시하고 국가체제를 바꿔야 한

갑신정변의 주역들

김옥균(1851년~1894년)　　박영효(1861년~1936년)　　서광범(1859년~1897년)

다고 주장했다. 평등 사상을 주장하는 천주교를 허용해야 한다고 말하기도 했는데, 이는 당시 사회에서 볼 때 굉장히 파격적이었다.

이들과 달리 온건 개화파로 불리는 김홍집, 김윤식 등은 청나라와의 전통적 관계를 중요하게 여기며 청나라를 개화의 모델로 삼았다. 조선의 유교적 전통문화를 유지하면서 서양의 과학 기술을 받아들이는 점진적 개혁을 주장했다. 이러한 관점은 민씨 세력의 친청 사대 정책과 유사했기 때문에 권력을 잡고 있는 민씨 세력은 급진 개화파를 경계하고, 온건 개화파의 주장을 정책에 반영하려고 했다.

이처럼 개화 정책을 둘러싼 의견 차이와 갈등이 점차 심해지고, 민씨 세력의 차별과 견제가 이어지자 불안하고 초조해진 급진 개화파는 돌파구를 마련해야만 한다고 생각했다. 그런데 이무렵 청나라는 조선에 주둔했던 군대의 절반인 1,500명을 안남(베트남)전선으로 프랑스와의 전쟁을 위해 이동시켰다. 급진 개화파들은 이를 절호의 기회라고 판단했다. 또 일본 공사가 이들을 돕겠다고 약속하자 급진 개화파는 청나라 군대가 빠져나간 틈을 타 정변을 일으키기로 결심했다.

급진 개화파는 우정국 개국 축하연을 계기로 정변을 일으키는데 성공

정변(政變)
특정 세력이 나라의 권력을 손에 쥐기 위해 혁명을 일으키는 것을 의미한다.

홍영식(1855년~1884년)   서재필(1864년~1951년)

1884년, 갑신정변이 3일 천하로 끝나고 실패로 돌아가며 대역죄인이 된 김옥균, 박영효, 서광범, 서재필은 일본으로 망명했다. 하지만 홍영식은 끝까지 국왕을 호위하다가 청군에 의해 죽임을 당하였다. 일본으로 망명한 4인 중 박영효, 서광범은 몇 년 뒤 귀국하여 갑오개혁(1894년)을 추진하기도 했다. 일본을 통해 미국으로 간 서재필은 미국에서 돌아와 독립협회를 세우며(1896년) 나라의 자주권을 되찾기 위해 노력했다. 하지만 김옥균은 일본 정부로부터도 박해를 당하고 청나라로 갔다가 상하이에서 민씨 세력이 보낸 자객에 의해 살해당했다.

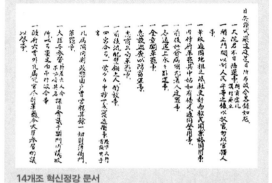

14개조 혁신정강 문서

〈14개조 개혁안〉

1. 청에 잡혀간 흥선 대원군을 빠른 시일 안에 돌아오게 하고, 청에 대한 조공의 허례를 폐지한다.
2. 문벌을 폐지하여 인민 평등권을 제정하고, 능력에 따라 관리를 등용한다.
3. 지조법을 개혁하여 관리의 부정을 막고 백성을 보호하며, 국가 재정을 넉넉하게 한다.
4. 내시부를 없애고, 그 중에 우수한 인재를 등용한다.
5. 부정한 관리 중 그 죄가 심한 자는 처벌한다.
6. 각 도의 상환미(환곡)는 영구히 받지 않는다.
7. 규장각을 폐지한다.
8. 급히 순사를 두어 도둑을 방지한다.
9. 혜상공국을 혁파한다.
10. 귀양살이하거나 옥에 갇혀 있는 자는 그 정상을 참작하여 적당히 형을 감한다.
11. 4영을 합해 1영으로 하되, 영에서 장정을 뽑아 근위대를 급히 설치한다.
12. 모든 국가 재정은 호조에서 통할한다.
13. 대신과 참찬은 의정부에 모여 정령을 의결하고 반포한다.
14. 의정부, 6조 외의 불필요한 기관은 없앤다.

했다. 급진 개화파는 민씨 세력을 제거하고 권력을 장악한 후 개화당 정부를 수립했는데, 이 사건을 갑신정변(1884년)이라고 한다. 개화당 정부를 세운 이들은 14개조 개혁 정강을 발표하고 개화 정책을 실시하려 하였다. 여기에는 청에 대한 사대 정책을 거부할 것과 모든 신분제를 없애고자 하는 등 당시로서는 굉장히 혁신적인 내용이 포함되어 있다.

신분제 폐지뿐만 아니라 지조법(地租法)이라 하여 토지와 관련하여 세금을 거두는 제도의 개혁을 주장했던 것으로 미루어 볼 때 당시 급진 개화파들은 조선 사회가 필요로 하는 것이 무엇인지 잘 알고 있었다. 이처럼 갑신정변으로 파격적인 개혁이 이뤄지는 듯했지만, 이들

동화양행 터(김옥균 암살지, 중국 상하이)
갑신정변의 주역이었던 김옥균은 청나라 군대의 개입으로 실패하였다. 그는 이후 일본으로 망명하였다가 상하이에서 민비수구파가 보낸 홍종우에 의해 이곳에서 암살당하였다.

의 노력은 청나라 군대의 간섭, 일본의 배신으로 인해 3일 만에 물거품이 되고 말았다. 청나라 군대의 반격으로 쫓기는 신세가 된 급진 개화파들은 처형되거나 외국으로 피신하고 말았다.

갑신정변이 실패한 원인은 청나라 군대가 개입했다는 점, 일본군이 약속을 어겼다는 점을 들 수 있다. 여기에 급진 개화파 자체적으로도 충분히 준비를 하지 못한 채 일본에 의존하여 정변을 일으켰다는 한계도 있다. 그들은 조선 정부의 친청 사대 정책을 비판했지만 자신들도 외세인 일본을 끌어들이는 모순된 행동을 보였다. 아울러 그들의 친일적인 성향은 일반 백성들의 지지를 이끌어 내지 못했다.

정변이 실패로 돌아가자 일본은 자신들의 실추된 이미지를 만회하기 위해 오히려 조선 정부에 한성 조약을 강조하여 배상금을 요구하는 뻔뻔한 모습을 보였다. 조선 정부는 임오군란 때처럼 또 다시 일본의 요

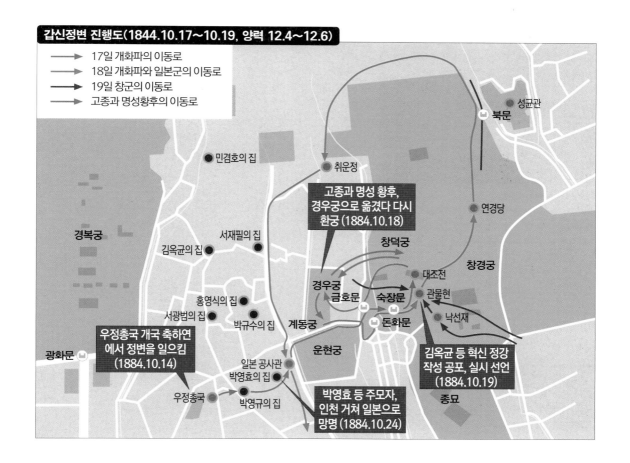

갑신정변 진행도(1844.10.17~10.19, 양력 12.4~12.6)

⟶ 17일 개화파의 이동로
⟶ 18일 개화파와 일본군의 이동로
⟶ 19일 창군의 이동로
⟶ 고종과 명성황후의 이동로

성균관
북문
민겸호의 집
취운정
연경당
경복궁
서재필의 집
김옥균의 집
고종과 명성 황후, 경우궁으로 옮겼다 다시 환궁(1884.10.18)
창덕궁
창경궁
경우궁
대조전
금호문
숙장문
관물현
홍영식의 집
서광범의 집
박규수의 집
계동궁
돈화문
낙선재
우정총국 개국 축하연에서 정변을 일으킴(1884.10.14)
일본 공사관
박영효의 집
운현궁
김옥균 등 혁신 정강 작성 공포, 실시 선언(1884.10.19)
광화문
우정총국
박영규의 집
박영효 등 주모자, 인천 거쳐 일본으로 망명(1884.10.24)
종묘

한성 조약(1884년)

1. 조선은 국서로써 일본에 변란의 사죄 의사를 표명할 것.
2. 조선은 일본 거류민 피해자에게 10만원의 위로금을 지불할 것.
3. 일본인 이소바야시 대위 살해범을 체포하여 처단할 것
4. 일본 공사관 신축지 및 신축비 2만원을 지불할 것.

김홍집(1842년~1896년)
1868년 과거에 급제한 김홍집은 1880년에 제2차 수신사로 일본에 다녀오기도 했다. 갑오개혁과 을미개혁 때에는 내각의 총리대신이 되어 개혁을 주도하였다. 당시 일본의 압력으로 단발령을 강행하는 등 급진적 개혁을 시행하다가 의병의 반발을 불러왔다. 결국 아관 파천으로 친일 내각이 붕괴되고 김홍집은 성난 군중에 의해 광화문에서 살해되었다.

교정청
개혁을 위해 1894년 6월 11일 설치한 기구이다. 교정청은 조선 정부가 일본이 강요한 5개조의 내정 개혁안을 물리치고 자주적으로 내정 개혁을 추진하기 위해 설치하였다. 하지만 일본에 의해 을미사변이 벌어지고 군국기무처가 설치되면서 폐지되었다.

구를 들어줄 수밖에 없었다. 이처럼 갑신정변의 실패는 당시 조선 사회에 큰 피해를 입히게 됐고 그동안 추진되어온 개화 정책이 중단되는 결과를 불러왔다. 게다가 민씨 정권이 이후로도 권력을 잡을 수 있도록 도와준 셈이 됐다. 때문에 조선에 대한 청나라의 간섭은 더욱 심해졌다.

하지만 갑신정변이라는 사건이 이처럼 부정적인 면만 있는 것은 아니다. 갑신정변은 근대 국민 국가 건설을 목표로 한 최초의 개혁 운동이었고, 이후 근대화 운동에 영향을 주었다는 점에서 그 의의는 크다고 할 수 있다.

4. 갑오개혁, 근대 개혁을 추진하다

갑신정변을 계기로 조선 정부는 사회적 개혁에 대한 요구를 더 이상 미뤄선 안 된다는 시대적 상황에 처하게 됐다. 이에 조선 정부는 대대적인 개혁을 펼치기로 했다. 온건 개화파 김홍집 등은 국왕의 명으로 교정청을 설치하고 본격적으로 개혁을 추진했다. 그러나 김홍집 내각은 교정청 대신 입법권을 갖는 초정부적인 개혁 기구로 군국기무처를 신설하여 개혁을 추진해 나갔다. 이를 갑오개혁(1894년)이라고 한다.

먼저 정부는 조선이 청나라의 속국이 아닌 자주 국가임을 선언함과 아울러 중국 연호를 폐지하고 개국 연호를 사용하였다. 또한 과거 제도를 폐지하여 신분의 구분없이 인재를 등용하였고, 무엇보다 신분제를

중앙 관제 개편

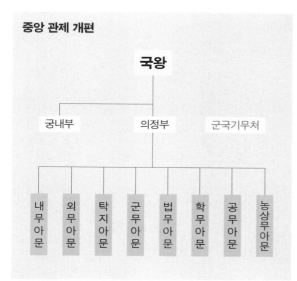

```
                    국왕
                     |
      ┌──────────────┼──────────────┐
    궁내부         의정부        군국기무처
                     |
   ┌────┬────┬────┬────┬────┬────┬────┐
  내   외   탁   군   법   학   공   농
  무   무   지   무   무   무   무   상
  아   아   아   아   아   아   아   무
  문   문   문   문   문   문   문   아
                                     문
```

조혼(早婚)
어린 나이에 일찍 결혼하도록 하는 것을 의미한다.

재가
오늘날의 재혼과 비슷한 의미이다.

철폐하기로 하는 파격적인 개혁을 결정했다. 이는 갑신정변 때도 주장됐다가 이루지 못했는데 마침내 갑오개혁을 통해 법적으로 폐지된 것이다.

갑오개혁은 그 동안 계속되어온 사회적 모순들도 없애기로 했다. 먼저 조혼(早婚)을 금지했는데, 이는 오랜 옛날 고려 시대부터 있었던 결혼풍습이었다. 이어 유교 사회의 가부장적 가족 제도의 굴레에 불행한 삶을 살던 과부에게 재가를 허용했으며, 죄인 자신 이외 친족에게 죄를 묻는 연좌법을 폐지했다.

이러한 여러 제도 개혁에도 불구하고, 당시 조선 정부는 가장 중요한 부분의 개혁은 소홀히 했다. 바로 농민들에게 가장 필요한 토지 제도의 개혁이 이뤄지지 않았다. 아무리 법적으로 신분적 평등이 이루어진다고

더 알아보기

군국기무처

군국기무처는 영의정 김홍집을 총재로, 박정양 · 김윤식 · 조희연 · 김가진 · 안경수 · 김학우 · 유길준 등 17명을 의원으로 구성됐다. 입법권을 갖고 있는 초정부적인 성격의 기구인 군국기무처는 1894년 6월 24일부터 12월 17일까지 총 41회의 회의를 열어 약 210건의 개혁안을 제정하여 실시했다. 군국기무처는 조선 후기 개화 운동에서 강조되어온 개혁안과 동학 농민 운동에서 지적된 일부 개혁안 및 일본 정부가 요구한 개혁요건 등을 반영하여 개혁을 단행했다.

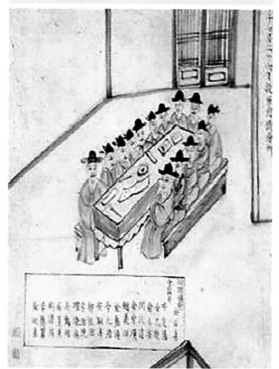

군국기무처 회의 모습
당시 모습은 고종의 초상을 그려 정3품에 오른 화가 조석진(趙錫晉)이 그린 그림이다.

연좌법
죄를 지은 사람뿐만 아니라 그 친족에게까지 죄를 묻는 것을 의미한다.

하더라도 양반이나 지주들이 대부분의 토지를 소유하고 있었기에 토지를 갖지 못한 대부분의 농민들은 궁핍한 생활을 했다.

또한 갑오개혁은 군사 제도의 개혁도 소홀했다. 이는 당시 조선의 근대화와 부국강병을 위해 매우 중요한 개혁이었으나 일본 정부의 방해로 제대로 이뤄지지 않았다.

부국강병
나라가 부자가 되고 군사적으로 강해지는 것을 의미한다.

1894년 무렵 주요 정치 세력

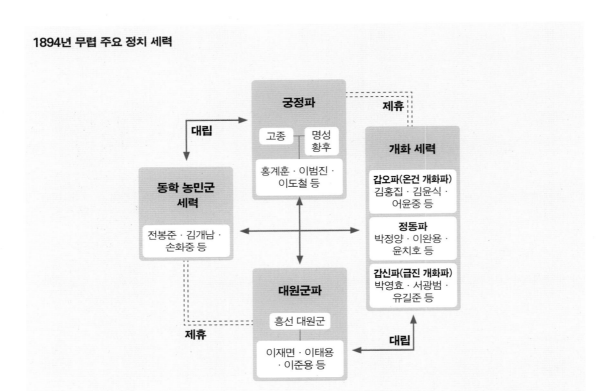

흥선 대원군·김홍집·박영효의 관계

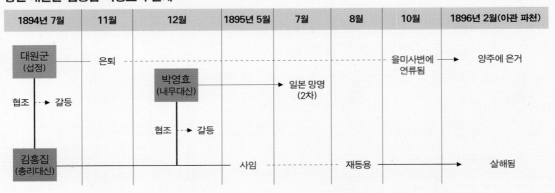

참 한국사 이야기

이처럼 갑오개혁은 당시 조선 정부의 개화 의지와 농민들의 요구를 반영하고자 노력했지만, 그 한계를 드러나는 개혁이었다. 그러나 이러한 한계에도 불구하고 갑오개혁은 매우 중요한 의미를 가지고 있다. 우리 역사에서 수천 년 간 유지되어온 신분 제도의 철폐라는 시대적 요구를 공식적으로 이루어 냈고, 사법권 독립과 근대적 교육 제도를 마련하는 등 조선 사회의 근대적 제도가 정착해 가는 계기가 되었다.

더 알아보기

갑오개혁 때 발표된 홍범 14조(1895.1.17)

1. 청에 의존하려는 생각을 버리고 자주독립의 기초를 확고히 할 것.
2. 왕실 전범을 제정하여 왕실의 계승과 종실, 외척의 구별을 밝힐 것.
3. 대군주는 대신과 의논하여 정사를 행하고, 종실·외척의 간섭을 금할 것.
4. 왕실 사무와 국정 사무를 분리하여 서로 혼동하지 아니할 것.
5. 의정부와 각 아문의 직무와 권한을 명확히 할 것.
6. 납세는 법으로 정하고 함부로 세금을 징수하지 않을 것.
7. 조세의 징수와 경비 지출은 모두 탁지아문이 관할할 것.
8. 왕실 경비를 솔선 절약하여 각 아문과 지방관의 모범이 되게 할 것.
9. 왕실과 관부 비용은 1년 예산을 세워 재정의 기초를 세울 것.
10. 지방 관제를 속히 개정하여 지방 관리의 직권을 제한할 것.
11. 총명한 자제를 널리 파견하여 외국의 학술과 기예를 보고 익히게 할 것.
12. 장교를 교육하고 징병제를 실행하여 군제의 근본을 확정할 것.
13. 민법과 형법을 명확하게 제정하고, 인민의 생명과 재산을 보전할 것.
14. 문벌에 구애받지 않고 인재 등용의 길을 넓힐 것.

『고종실록』, 고종 31년(1894) 12월 12일.

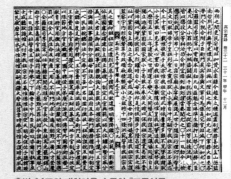

홍범 14조의 개혁안을 수록한 『고종실록』

시모노세키 조약(1895. 4.)

청·일 전쟁의 강화 조약으로 정식 명칭은 '청·일 양국 강화 조약'이다. 청국 이홍장과 일본 이토 히로부미가 시모노세키에서 체결했다. 본문은 14개조로 되어 있는데, 그 주요 내용은 다음과 같다.

1. 청국은 조선국이 완전한 자주 독립국임을 인정한다.
2. 청국은 요동반도와 대만(臺灣) 및 팽호도(膨湖島)를 일본에 할양한다.
3. 청국은 일본에 배상금 2억 냥을 지불한다.

이 중 요동반도는 러시아·프랑스·독일의 삼국 간섭에 일본이 굴복하여 청국으로부터 3000만 량을 받고 청에 반환됐다. 후에 러시아가 요동반도를 차지했다.

5. 일본, 명성황후를 시해하다

동학 농민 운동 후 청나라와 일본이 조선의 지배권을 놓고 싸운 청·일 전쟁을 승리로 마무리한 일본은 조선에 대한 주도권을 차지하고 청나라 영토인 만주까지 영향력을 넓혀갔다. 또한 1895년 4월 일본은 청나라와 전쟁에서 승리한 대가로 거액의 배상금과 중국의 영토인 요동반도를 할양받는 시모노세키 조약을 체결하였다. 이를 예의주시하고 있던 러시아는 더 이상 두고 볼 수 없다고 판단했다. 그리하여 러시아는 일본을 견제하기 위해 프랑스와 독일이라는 또 다른 강대국들을 끌어들여 일본을 압박하여 청나라에게 요동반도를 돌려주도록 강요했다. 이를 삼국 간섭(1895년)이라 한다. 러시아는 삼국 간섭을 통해 일본군을 만주 지역에서 몰아내려 했던 것이다.

이와 같은 국제 정세의 변화는 당시 조선의

옥호루(서울 종로)
명성황후가 시해된 장소로 추정되는 곳으로 경복궁 안에 있다. 근래에 복원하였다.

명성황후 시해에 가담한 일본 낭인들(한성신보사 건물 앞에서의 기념 촬영)

국내 정치 상황과도 밀접한 관련이 있다. 청·일 전쟁 이후 더욱 심해진 일본의 간섭에서 벗어나고자 했던 조선 정부는 러시아를 끌어들여 일본을 견제하고자 하였다. 이러한 움직임의 배후에는 명성황후가 있었다. 이에 따라 조선 정부 내에서 명성황후의 친청 사대 정책에 이어 친러 내각이 수립되어 영향력을 행사하게 됐고, 갑오개혁을 추진하던 친일 내각은 그 힘을 잃게 됐다.

청·일 전쟁에서 승리한 뒤 조선을 지배하려던 일본은 조선 정부가 러시아를 끌어들이자 초조해졌다. 이에 일본은 조선의 의도를 저지하기 위해 매우 극단적인 방법을 사용하기로 했다. 러시아를 끌어들이기로 한 중심 인물인 명성황후를 없애기로 한 것이다.

1895년, 결국 일본인들은 건청궁에 침입해 자신들에게 방해가 되는 명성황후를 시해하는 만행을 저질렀다. 이 사건을 을미사변이라고 한다. 그들은 '여우 사냥'이라는 이름을 붙여 명성황후를 시해하고자 하는 음모를 꾸몄고, 명성황후를 죽인 후 책임을 덮어씌우기 위해 당시 명성황후와 대립하고 있던 흥선 대원군과 고종의 친형인 이재면을 궁궐 침입에 앞장세우는 치밀함도 보였다. 조선의 국모가

친러 내각
러시아와 협력하여 정책을 펼치려는 정부 대신들을 의미한다.

시해
부모나 임금을 죽이는 것을 이르는 말이다.

국모
나라의 어머니, 즉 왕비를 이르는 말이다.

장충단 비(서울 중구)
1900년 명성황후 시해 이후 일본과 싸우다 죽은 군인들을 제사 지내기 위해 만들었다.

명성황후 국장(1897.3.)
1895년 고종은 정식으로 왕비의 승하를 공포하고, 일본 자객들에게 시해된 지 2년 2개월 만에 국장을 거행하여 동구릉 내 숙릉(肅陵)에 안장했다. 1897년 (광무 1) '명성'(明成) 이라는 시호가 내려졌고, 그해 11월 청량리 밖 홍릉(洪陵)에 이장했다가 1919년 고종이 승하하자 양주군 금곡리에 홍릉을 새로 조성하고 그곳에 안치했다. 고종의 황제 즉위를 계기로 '명성황후'(明成皇后)라 칭했다.

일본 자객들에게 살해당하고 그 시신이 불태워지는 끔찍한 사건이 발생한 것이다.

일본은 명성황후를 살해하는데 그치지 않고 친일 내각을 앞세워 조선 정부에 또 다시 개혁을 강요했다. 이를 을미개혁이라고 한다. 을미개혁은 삼국 간섭과 을미사변으로 중단된 개혁을 다시 시작한 것이므로 갑오개혁의 연장선이었다는 의미를 가진다. 을미개혁에서는 먼저 지금까

더 알아보기

을미사변(1895년 10월 8일〈음력 8월 20일〉) - "여우 사냥, 조선국 왕비를 제거하라."

이것(러시아와 조선이 손을 잡는 것)에 대처할 길이 과연 무엇이겠는가? 오직 비상수단으로써 조·러 관계를 차단하는 것 외에는 방법이 없다. 즉, 러시아와 조선 궁중이 견고히 손을 잡고 서로 호응하여 온갖 음모를 꾀하는 데 대하여 일도양단, 한편의 손을 절단하여 양자가 손을 잡지 못하게 하는 것 외에는 길이 없다. 다시 말해 궁중의 중심이요 대표적 인물인 명성황후를 제거하여 러시아에게 결탁할 당사자를 상실케 하는 이외에 다른 좋은 방법이 없다. …… 당시 궁중이 시행하는 바는 전부 명성황후의 방략이었으며 국왕 폐하는 허수아비에 지나지 않았다. 그리고 조선의 정치가 중 그 지모와 수완에서 명성 황후보다 나은 자가 없었으니 민비는 실로 당대 최고의 준걸이었다. …… 이 점에 착안하여 근본적으로 화근을 제거코자 도모한 것이다. 우리 동지들도 역시 이와 같은 신념을 가졌기 때문에 단연 궐기하여 공의 쾌거에 찬성했던 것이다.

「민비조락사건」(고바야카와 히데오(한성신보의 편집장으로 을미사변에 관여한 일본인)의 수기)

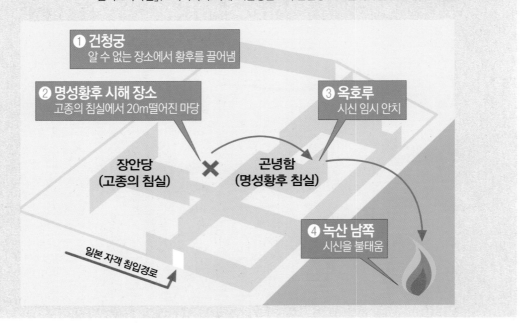

❶ 건청궁
알 수 없는 장소에서 황후를 끌어냄

❷ 명성황후 시해 장소
고종의 침실에서 20m떨어진 마당

❸ 옥호루
시신 임시 안치

장안당
(고종의 침실)

곤녕함
(명성황후 침실)

❹ 녹산 남쪽
시신을 불태움

일본 자객 침입경로

참 한국사 이야기

지 사용하던 음력을 양력으로 바꾸고 이를 사용한다는 의미로 '건양(建陽)'을 연호로 채택했다. 교육 제도 개혁을 위해 소학교령을 제정하고 서울과 지방에 소학교를 설립하였다.

을미개혁은 조선 백성들의 큰 반발을 사게 됐는데, 가장 큰 이유는 바로 단발령 시행이었다. 단발령이란 당시 남성들의 상투를 강제로 자르도록 하는 것이었다. 전통적인 유교 사회에서 남자들에게 상투를 자르도록 한다는 것은 절대 받아들일 수 없는 일이었다.

왜냐하면 유교 사회에서는 머리카락도 부모님이 물려주신 것이라 하여 함부로 자르지 않았다. 이에 당시 유림의 대표라 할 수 있는 최익현이 강제적으로 이루어진 단발령에 반발하며 "내 목을 자를 지언정 내 머리는 자를 수 없다"고 반발하기도 했다. 이처럼 을미사변으로 인해 반일 감정이 강하게 일어나던 상황에서 단발령까지 겹치게 되자 전국 각지에서 일본에 대항하고자 하는 사람들이 생겨났다. 이것이 항일 의병 전쟁의 시작이었다.

상투
머리를 땋아 올려서 묶은 것이다. 이는 전통적인 조선 사회에서 성인 남자의 머리모양 이었다. 당시에는 어린 나이의 남자라도 혼인하여 상투를 틀면 성인 대접을 받았다고 한다.

단발하는 모습

양력
당시 서양의 날짜 계산법이다. 이는 지구가 태양의 둘레를 한바퀴 도는데 걸리는 시간을 1년으로 정한 역법으로 현재 우리가 사용하는 것이기도 한다.

연호(年號) 사용

연호			
명(明) 연호 빌려씀		1392. 7.~1636. 1.	조선
청(淸) 연호 빌려씀		1636. 1.~1894. 6.	
개국(開國)	갑오개혁 (1차)	1894. 6.~1895. 11.	
건양(建陽)	을미개혁	1895. 11.~1897. 8.	
광무(光武)	고종 황제	1897. 8. ~1907. 8.	대한제국
융희(隆熙)	순종 황제	1907. 8. ~1910. 8.	

서양 복장에 단발한 고종

나라의 자주권을 지키려 싸우다

전주성 풍남문(전북 전주)
풍남문은 전주를 둘러싼 성곽인 전주성의 남쪽 출입문이다. 동서남북의 4대문 가운데 일제의 만행으로 3대문과 성벽은 모두 철거되고 현재는 풍남문만 남아있다. 동학 농민군들이 혁명을 일으켜 전주성을 점령하고 정부와 전주화약을 맺기도 하였다.

항일의병군
의병이란 외적의 침입으로 나라가 위험해 질 때 국가의 명령과 관계 없이 백성이 스스로의 의지에 따라 싸우는 것이다. 1907년 정미의병의 모습으로 다양한 사람들로 구성되어 있음을 알 수 있다.

1. 조선, 전쟁의 소용돌이에 휩쓸리다

예로부터 한반도는 외세의 침략이 빈번했다. 조선이 세워진 이후에도 임진왜란, 병자호란 등 주변 국가들이 전쟁을 일으켜 왔다. 그 이유는 우리 한반도의 위치가 드넓은 대륙과 바다를 연결해주는 군사적, 경제적 요충지이기 때문이다.

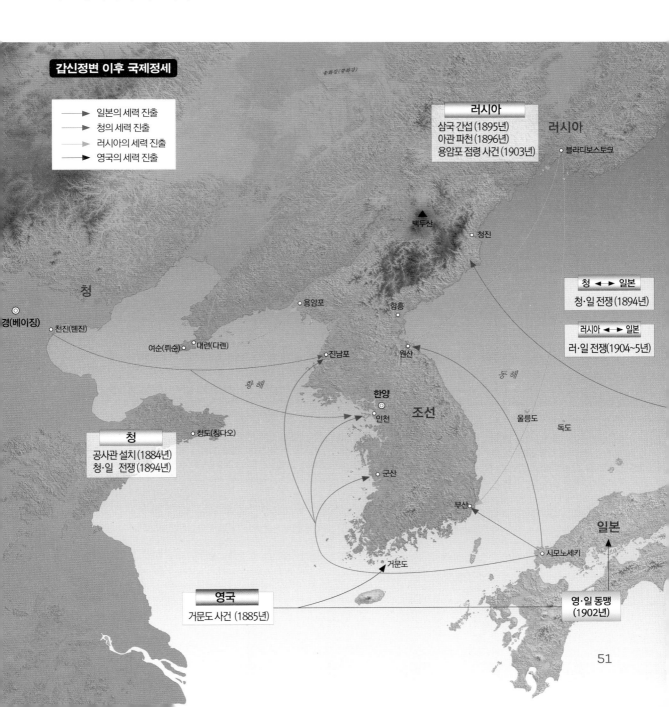

갑신정변 이후 국제정세

일본의 세력 진출
청의 세력 진출
러시아의 세력 진출
영국의 세력 진출

러시아
삼국 간섭 (1895년)
아관 파천 (1896년)
용암포 점령 사건 (1903년)

청 ◄►일본
청·일 전쟁 (1894년)

러시아 ◄►일본
러·일 전쟁 (1904~5년)

청
공사관 설치 (1884년)
청·일 전쟁 (1894년)

영·일 동맹
(1902년)

영국
거문도 사건 (1885년)

미국·러시아·영국 등 서양 열강들이 끊임없이 조선을 침략하기 위한 목적으로 통상을 요구하던 것도 같은 이유에서였다. 열강들에게 조선(한반도)은 결코 놓칠 수 없는 중요한 곳이었다. 하지만 불행히도 조선은 당시 저들의 침략에 대응할 만큼 나라의 힘을 갖추지 못했다. 그 결과 열강들이 서로 주도권 다툼을 벌이는 전쟁터가 될 수밖에 없었다.

이처럼 한반도를 둘러싼 열강의 각축전 속에서 먼저 조선에 대한 주도권을 차지한 나라는 일본이었다. 일본은 1876년 조선 정부와 강화도 조약을 체결한 뒤부터 조선에 대한 경제적 이권을 챙겨갔다. 일본은 다른 열강들의 눈치를 살피느라 조선에 대한 정치적 간섭에 나설 수 없었기 때문에 경제적 침탈을 강화했다.

하지만 이러한 일본의 주도권은 오래가지 못했는데, 그 계기가 된 사건은 바로 임오군란이었다. 임오군란 이후 조선은 청나라의 간섭이 강화됐던 것이다. 청나라는 그동안 일본에게 내줬던 주도권을 되찾기 위해 임오군란이 끝나자 마자 조·청 상민 수륙 무역 장정을 체결했다. 이는 청나라가 일본에게 빼앗겼던 조선에서의 경제적 이권을 되찾기 위한 목적이었다.

당시 조선 정부의 권력을 쥐고 있던 민씨 세력은 청나라에 지나치게 의존하고 있었다. 청나라는 조선의 정치에 큰 영향력을 행사하며 이후 조선의 정국 운영이나 대외 정책에 간섭을 하기도 했다. 그리고 청나라의 주도권은 갑신정변이 청나라 군대의 진압에 의해 실패로 돌아가면서 오히려 더욱 강화됐다.

청나라의 입장에서는 갑신정변의 실패가 조선에 대한 영향력을 더욱 견고히 할 수 있는 절호의 기회였다. 그러나 청나라는 일본과 현상 유지를 바랐다. 그 결과 갑신정변이 일어난 이듬해 일본과 톈진 조약(1885년)을 맺었다.

일본은 청나라에게 조선에 대한 주도권을 빼앗겼지만, 톈진 조약을 체결함으로써 청나라와 동등하게 조선에 대해 군대를 파견할 수 있는 권리를 얻었다. 그리고 톈진 조약은 이로부터 9년 뒤 1894년 조선 영토에서 청·일 두 나라가 전쟁을 일으키는 구실이 되었다.

1894년에는 백성들이 동학 농민 운동을 일으켜 무능하고 부패한 조선 정부에 반기를 들었다. 이에 놀란 조선 정부는 또다시 청나라에 도움을 요청했다. 청나라는 군대를 이끌고 조선으로 들어왔고, 이 소식을 접한 일본은 텐진 조약을 구실삼아 군대를 출동하여 조선 영토를 침범해왔다.

청과 일본은 겉으로는 조선 정부를 도와 동학 농민군을 진압하기 위해 군대를 출동했으나 속셈은 조선에 대한 지배권을 차지하기 위한 것이었다. 일본은 동학 농민군에 대한 문제가 해결된 뒤에도 군대를 본국으로 돌리기를 거부했다. 결국 조선 영토에서 청과 일본 사이에 전쟁이 일어났는데 이를 청·일 전쟁이라고 한다. 그리고 이 전쟁에서 승리한 나라는 바로 일본이었다.

청·일 전쟁(1894년)
일본군이 청나라 군에 대승을 거둔 평양 전투 장면을 그린 그림이다.

청·일 전쟁에서 우위를 점한 일본은 조선 정부에 개혁을 강요했는데, 그 결과물이 바로 갑오개혁(1894년)이었다. 이처럼 일본이 조선을 지배하려는 야욕을 보이자, 조선 정부는 러시아라는 또 다른 강대국을 끌어들여 일본의 영향력에서 벗어나려고 했다. 하지만 일본은 조선 정부의 이러한 의도를 차단하기 위해 명성황후를 시해하는 끔찍한 만행(을미 사변, 1895년)을 저질렀다.

명성황후가 일본에 의해 무참히 죽임을 당하자 신변의 위협을 느낀 고종은 러시아 공사관으로 피신했다. 이 사건을 아관 파천(1896년)이라고 한다. 이는 러시아의 주도하에 계획적으로 이루어진 것이다. 러시아는 겉으로는 조선의 국왕을 보호해준다고 했지만 속으로는 일본으로부터 조선에 대한 주도권을 빼앗아 오기 위한 목적이었다. 조선의 국왕을 손에 쥐고 조선의 정치에 마음껏 간섭하려 했다.

아관 파천을 계기로 조선에 대한 주도권을 두고 일본과 러시아가 서로 대립하며 경쟁하는 상황이 됐다. 이러한 경쟁은 러시아와 일본 두나라 사이에 전쟁(러·일 전쟁)이 일어나 그 종지부를 찍게 됐다. 두 나라의

러시아 공사관(서울 중구)
러시아 공사관 건물은 조·러 수호 통상 조약이 체결된 이듬해인 1885년에 착공하여 1890년에 완공됐다. 이 자리는 원래 덕수궁의 영역이었으며, 탑의 동북쪽 지하실이 덕수궁으로 연결되어 있다고 한다. 아관 파천 당시 고종은 경복궁을 나와 덕수궁을 통하여 러시아 공사관으로 피신했다.

참 한국사 이야기

전쟁에서 일본이 승리하였다.

러·일 전쟁(1904~1905년)에서도 승리한 일본은 이후 조선에 대한 주도권을 독차지하게 되었다. 즉 일본은 1905년에 을사늑약을 체결하여 우리나라의 외교권을 빼앗았고 1910년 결국 우리나라를 일본의 식민지로 만들어 35년 동안 지배했다. 이처럼 조선을 사이에 두고 치열하게 다퉈온 열강의 경쟁은 일본의 승리로 끝나게 되었다.

황해에서의 해전
1904년 4월 일본 해군이 러시아 해군을 기습하여 승리한 장면이다.

러·일 전쟁 기념 석판화
일본군이 러시아 군을 물리치는 장면이다.

2. 동학 농민 운동이 일어나다

개항 이후, 외세의 경제적 침략이 본격화되어 백성들은 매우 힘든 생활을 해야 했다. 특히 일본 상인들은 강화도 조약 이후 추가로 맺은 부속 조약으로 인해 조선의 쌀을 제한이 없이 가져갈 수 있었다. 많은 양의 쌀이 헐값으로 일본으로 유출됨에 따라 조선 농민들의 생활은 점점 궁핍해 졌다. 조선 정부는 재정 상태가 매우 나쁜 상황이었기 때문에 이러한 부담을 백성들에게 넘겼고 그 결과로 가난한 농민들의 생활은 더욱 어렵게 되었다.

이처럼 힘든 생활을 하던 조선의 백성들을 위로해주던 것이 동학이었다. 동학은 최제우가 창시한 이후로 인내천과 후천개벽을 교리로 내세우며 점점 많은 백성의 지지를 받게 됐다. 이들은 당시 모순된 사회 제도에 대한 변혁을 주장했고 그 세력이 점차 커지면서 백성들을 수탈하던 지배 계층에게 자신들의 목소리를 내기 시작했다.

이처럼 농민들의 사회적 변화 요구가 점차 커지던 상황에서 마침내 전라도 고부에서 농민들이 봉기하는 사건이 발생했다. 고부 군수 조병

인내천(人乃天)
사람이 곧 하늘이며 하느님이라는 사상이다.

후천개벽(後天開闢)
어둡고 괴로운 세상이 지나고, 밝고 평등하고 살기좋은 낙원의 새로운 세상이 돌아온다는 의미이다. 이러한 교리는 당시 힘든 생활을 해야했던 백성들에게 큰 힘이 되었다.

동학 교조 최제우(1824년~1864년) 동상(경북 경주)

만석보 유지비(전북 정읍)
고부 군수 조병갑(趙秉甲)이 농민을 동원하여 만석보를 축조한 뒤 농민들에게 물세를 과중하게 징수하고 재산을 수탈했다. 이에 분노한 농민들이 전봉준을 지도자로 삼고 민란을 일으켰는데, 이것이 동학 농민 운동의 시초가 된 고부 농민 봉기이다.

갑이 농민들을 착취하고 괴롭히자 더 이상은 참을 수 없었던 농민들이 동학 접주 전봉준의 지도하에 고부 관아를 공격했다. 이 사건이 동학 농민 운동의 시작이 되는 고부 농민 봉기이었다(1894년 1월).

이들은 고부 관아를 습격하여 탐관오리를 응징하는 한편, 억울하게 갇힌 이들을 풀어주고 수탈한 곡식을 백성들에게 나누어 주었다. 또한 부패한 고부 군수 조병갑을 처벌해 줄 것을 정부에 요구했다.

탐관오리
탐욕이 많고 부정을 일삼으며 백성들을 괴롭히는 벼슬아치들을 탐관오리라 했다.

봉기
나라를 바꾸기 위해 들고 일어나는 것을 의미한다.

하지만 조선 정부는 사태를 공정하게 처리하기는커녕 오히려 동학 교도들에게 모든 책임을 돌려 탄압했다. 그러자 전봉준은 인근 각지의 동학 접주에게 통문을 보내 다시 봉기할 것을 호소했다. 이에 호응하여 봉기한 8천여 명의 동학 농민군이 집결했는데(백산 봉기, 1894년 3월) 이로써 동학 농민 운동(1894년)이 본격적으로 전개됐다.

동학 농민군의 위세에 조선 정부는 서둘러 관군을 보냈으나 동학 농민군에게 패했

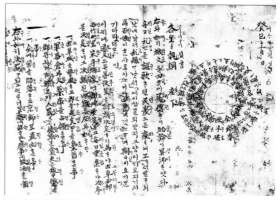

사발통문(沙鉢通文)
1893년 11월 고부의 동학 교도들이 작성한 결의문이다. 고부와 전주성을 함락하고 서울로 진격하자는 내용을 담고 참가자 이름을 둥글게 적었다. 이는 주동자가 누구인지 모르게 하고, 함께 책임진다는 단결의 의미가 있다.

더 알아보기

백산 봉기 격문(1894년 3월)

우리가 의(義)를 들어 여기에 이른 것은 결코 다른 데에 있지 아니하고 창생을 도탄에서 건지고 나라를 반석 위에 두자 함이라. 안으로는 못된 관리의 머리를 베고, 밖으로는 횡포한 강적의 무리를 몰아내고자 함이라. 양반과 부호의 앞에 고통을 받는 민중들과 방백과 수령의 밑에 굴욕을 받는 힘없는 관리들은 우리와 같이 원한이 깊은 자라. 조금도 주저치 말고 이 시각으로 일어서라. 만일 기회를 잃으면 후회하여도 미치지 못하리라.

갑오(甲午)   月   日

호남창의대장소(湖南倡義大將所) 재백산(在白山)

오지영, 『동학사』

동학 혁명 백산 창의비(전북 부안)

더 알아보기

폐정 개혁 12개조

1. 동학도는 정부와의 원한을 씻고 모든 행정에 협력한다.

2. 탐관오리는 그 죄상을 조사하여 엄히 처벌한다.

3. 횡포한 부호를 엄히 다스린다.

4. 불량한 유림과 양반의 무리를 징벌한다.

5. 노비 문서는 불태워 버린다.

6. 7종의 천인 차별을 개선하고, 백정이 쓰는 평량갓을 없앤다.

7. 청상과부의 재가를 허용한다.

8. 무명의 잡세는 모두 폐지한다.

9. 관리 채용에는 지벌을 타파하고 인재를 등용한다.

10. 왜와 몰래 내통하는 자는 엄히 다스린다.

11. 공사채를 막론하고 기왕의 것은 모두 무효로 한다.

12. 토지는 균등하게 나누어 경작한다.

다. 이에 동학 농민군은 전라도 일대와 전주성을 점령하기에 이르렀다. 더 이상 관군의 힘으로는 동학 농민군을 막을 수 없다고 판단한 조선 정부는 또 다시 청나라에게 구원을 요청했다. 청나라 군대가 조선 영토에 들어오자 즉시 일본군 또한 톈진 조약을 구실로 군대를 이끌고 왔다.

상황이 이렇게 돌아가자 동학 농민군은 조선에 대한 청·일 양국의 개입을 막고자 자진 해산했다. 그러나 그 대신 조선 정부에 개혁안(폐정 개혁 12개조)을 제시하며 그 실행을 요구했다. 동학 농민군이 요구한 개혁 안에는 신분제 폐지, 조세 제도 및 토지 제도 개혁이 포함됐다. 특히 신분제 폐지는 이후 갑오개혁에 반영되었다. 또한 동학 농민군은 전라도 각 고을에 집강소라는 자치 기구를 설치하여 농민들이 직접 개혁을 추진하기도 했다.

동학 농민 운동 지도자

남접(南接) 지도자

전봉준(1855년~1895년)　김개남(1853년~1895년)　손화중(1861년~1895년)

이처럼 동학 농민군은 스스로 폐정 개혁에 나섰고, 그들의 주장에는 당시 사회적으로 필요로 했던 개혁 내용이 담겨 있었다. 조선 정부 또한 동학 농민군의 요구를 받아들여 교정청을 설치하여 선도적으로 개혁을 추진하기로 결정했다. 이와 병행하여 조선 정부는 국내로 들어온 청·일 두 나라의 군대 철수를 요청했다.

동학 농민 혁명 황룡 전적비(전남 장성)

하지만 서로 한판 싸울 기세였던 청나라와 일본은 조선 정부의 요청을 거절하고 끝내 전쟁을 일으켰다. 청·일 전쟁(1894년)이 일어난 것이다. 이 전쟁에서 우위를 점한 일본은 조선에 대한 주도권을 확보하고자 조선의 내정 개혁에 간섭했다. 그리고 반발을 없애고자 동학 농민군을 서둘러 진압하려 했다.

이러한 일본의 침략에 전봉준을 중심으로 한 동학 농민군은 또 다시 들고 일어났다. 이번의 봉기는 외세의 침략으로부터 나라와 백성을 지키기 위한 것이었다. 이들은 일본군에 대항하기 위해 흩어져 있던 세력

북접(北接) 지도자

최시형(1827년~1898년)

손병희(1861년~1922년)

을 연합하기로 했다. 그리하여 전봉준을 중심으로 한 남접 세력과 최시형 중심의 북접 세력이 힘을 모으게 됐다. 지금의 충남 논산에 집결한 동학 농민군은 서울로 진격하기 위해 우금치(공주)에 이르렀다. 하지만 그곳에서 그들이 맞서 싸워야 하는 대상은 중무장한 일본군, 조선 정부의 관군도 포함된 연합군이었다.

일본군은 동학 농민군과는 비교도 되지 않을 우수한 무기를 가지고 있었고 훈련도 잘 되어 있었다. 반면, 동학 농민군은 숫자는 많았지만 모든 면에서 열세였으므로 애초에 이들의 상대가 될 수 없었다. 결국 동학 농민군은 우금치 전투에서 일본군과 관군의 연합 부대에 패했고, 이를 이끌던 전봉준 등의 지도자들은 전북 순창으로 피신하였다가 밀고로

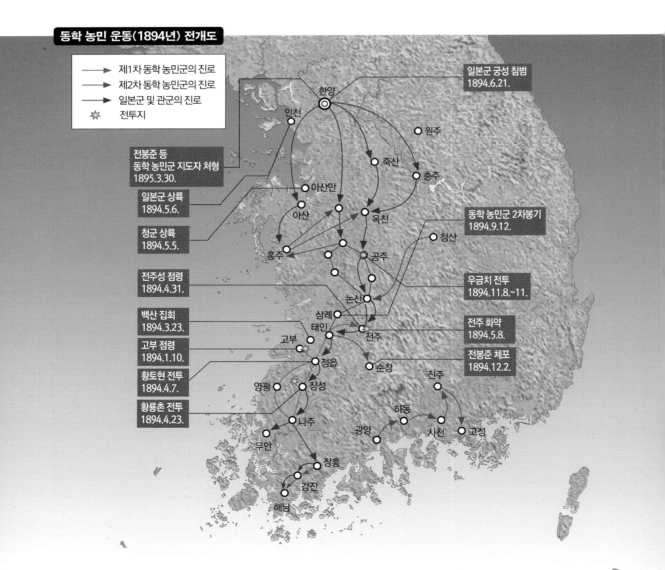

동학 농민 운동(1894년) 전개도

제1차 동학 농민군의 진로
제2차 동학 농민군의 진로
일본군 및 관군의 진로
★ 전투지

일본군 궁성 침범
1894.6.21.

전봉준 등
동학 농민군 지도자 처형
1895.3.30.

일본군 상륙
1894.5.6.

청군 상륙
1894.5.5.

동학 농민군 2차봉기
1894.9.12.

전주성 점령
1894.4.31.

우금치 전투
1894.11.8.~11.

백산 집회
1894.3.23.

전주 화약
1894.5.8.

고부 점령
1894.1.10.

전봉준 체포
1894.12.2.

황토현 전투
1894.4.7.

황룡촌 전투
1894.4.23.

한양
인천
원주
죽산
충주
아산만
아산
옥천
홍주
청산
공주
논산
삼례
태인
고부
정읍
전주
순창
진주
영광
장성
하동
나주
광양
사천
고성
무안
장흥
강진
해남

붙잡혀 서울로 끌려가 처형당했다.

이처럼 동학 농민 운동은 끝내 실패로 돌아가고 말았지만, 우리 역사에서 중대한 의의를 가지는 사건이었다. 먼저 동학 농민군이 주장한 신분제 철폐는 이후 갑오개혁에도 영향을 줌으로써 전통적인 유교 사회의 신분제 질서를 무너뜨리는 계기가 됐다. 그리고 갑신정변이 백성들

전봉준 피체지(전북 순창)
전봉준이 밀고로 체포된 장소이다.

잡혀가는 전봉준
한양의 일본 영사관에서 재판을 받기 위해 법부아문으로 압송되는 장면이다. 재판 결과 사형선고를 받고 교수형에 처해졌다.

더 알아보기

집강소(執綱所) 활동

동학도(東學徒)들은 각 읍에 할거하여 공해(公廨)에 집강소를 세우고, 서기(書記)와 성찰(省察), 집사(執事), 동몽(童蒙) 등을 두니, 완연히 하나의 관청으로 됐다. …… 이른바 고을 군수는 단지 이름이 있을 뿐 행정을 맡아 할 수 없었다. 심지어 고을원들을 추방하니, 이서(吏胥)들은 모두 동학당에 들어 성명(成命)을 보존하고자 했다.

원평 집강소(전북 김제)
전주 화약 이후 설치된 53개 군현 가운데 하나이다.

전봉준(全琫準)은 수천 명의 군중을 끼고 금구 원평에 틀고 앉아 (전라) 우도에 호령했고, 김개남(金開男)은 수만 명의 군중을 거느리고 남원성을 타고 앉아 (전라) 좌도를 통솔했으며, 그 밖에 김덕명(金德明), 손화중(孫華仲), 최경선(崔景善) 등은 각기 한 지방씩 할거하여 탐학 불법을 일삼으니, 김개남이 가장 심했다. 전봉준과 같은 이는 동학도들에 의거하여 혁명을 꾀하고 있었다.

정석모, 『갑오약력』

은 뒤로 한 채 개혁을 주장했던 반면, 동학 농민 운동은 최초로 백성들이 주체가 되는 아래로부터의 개혁 운동이었다는 점에서 큰 의의를 가질 수 있다.

　동학 농민군은 사회 개혁뿐만 아니라 일본에 침략에 맞서 싸웠던 반외세 구국 민족 운동을 벌였다. 이들의 이러한 투쟁은 이후 항일 의병 전쟁을 활성화하는데 크게 기여했다. 동학 농민군의 잔여 세력은 이후로도 의병에 합류하여 일본에 대항하여 싸웠다.

동학 혁명 위령탑(충남 공주)
동학 농민군이 공주 우금치에서 일본군과 관군을 상대로 치열한 전투를 벌였지만 패배했다.

동학 혁명 기념관(전북 정읍)
동학 농민 운동과 관련된 유적과 유물을 전시한 기념관이다.

동학 농민군의 지도자 전봉준, 심문을 받다

문 : 난을 일으킬 때, 그대가 어찌 주모자가 됐나?

답 : 사람들이 모두 나를 추대하여 주모하라 하기에 그들의 말을 따른 때문이다.

문 : 네가 고부 접주로 있을 때, 동학을 가르치지 아니했나?

답 : 나는 어린 아이들은 훈도했으나, 동학을 가르친 적은 없다.

문 : 고부 땅에 동학은 없었는가?

답 : 동학도 있다.

문 : 고부에서 난을 일으킬 때, 동학이 많았나, 억울한 사람이 많았나?

답 : 의거할 때에 억울한 사람과 동학이 합세했는데, 동학은 적고 억울한 사람이 더 많았다.

문 : 난 후에 무슨 일을 했는가?

답 : 난 후에 진황지에서 빼앗은 세금을 되돌려주고 쌓은 보를 부숴버렸다.

「전봉준 공초」(『동학란 기록』하)

동요, '파랑새'

새야 새야 녹두새야	웃녘 새야 아랫녘 새야
전주 고부 녹두새야	함박 쪽박 열나무 딱딱 후여
새야 새야 녹두새야	녹두밭에 앉지 마라
녹두꽃이 떨어지면	청포 장수 울고 간다
새야 새야 팔왕 새야	네 무엇 하러 나왔느냐
솔잎 댓잎이 푸릇푸릇	하절인가 했더니
백설이 펄펄 흩날리니	저 강 건너 청송녹죽이 날 속인다.

오지영, 역사 소설 『동학사』 중에서

※ 이 동요는 동학 농민 운동의 실패를 애석하게 여기는 조선 민중들의 염원을 담아 불리게 됐다. 전봉준(1855년~1895년)은 5척 단신의 작은 체구 때문에 '녹두'라는 별명을 얻어 '녹두 장군'으로 널리 알려지게 됐다.

녹두 장군 전봉준의 절명시, '운명'(殞命)

때를 만나서는 천하도 내 뜻과 같더니	時來天下皆同力
운이 다하니 영웅도 스스로 어쩔 수 없구나	運去英雄不自謀
백성을 사랑하고 정의를 위한 길이 무슨 허물이랴	愛民正義我無失
나라를 위한 일편단심 그 누가 알리	愛國丹心誰有知

3. 독립 협회, 나라의 자주권을 지키기 위해 나서다

고종이 러시아 공사관으로 거처를 옮긴 아관 파천(1896년)이 발생한 이후로 조선 사회에는 미묘한 변화가 일어나기 시작했다. 고종이 일본을 피해 러시아의 공사관으로 피신해가자, 조선에 대한 러시아의 영향력이 강해졌고 친일 관료들의 정치적 입지가 좁아졌다. 이에 조선에 대한 지배권을 둘러싸고 러시아와 일본 간의 세력 다툼이 더욱 치열해졌다.

한편 조선의 국왕이 궁궐을 떠나 외국 공사관에 몸을 피신하고 있다는 사실은 국가의 자주성을 크게 훼손하는 것이었다. 조선의 국왕을 손에 쥔 러시아는 이러한 기회를 놓치지 않고 조선으로부터 산림, 광산의 자원 등 경제 이권을 빼앗아가기 시작했다.

러시아와 세력 다툼을 벌이던 일본 또한 이에 질세라 철도 부설, 금광 채굴권 등의 이권을 챙겼으며 연이어 미국· 프랑스·독일 등 여러 나라가 앞다투어 조선으로부터 이권을 차지했다. 이처럼 열강들의 이권 침탈이 점차 심화되어가자 일부 지식인들을 중심으로 국

서재필(미국 이름 : 필립 제이슨 1864년~1951년)
서재필은 갑신정변 실패 후 해외 망명길에 올랐다가 1895년 미국에서 귀국했다. 정부는 근대적 개혁에 필요한 식견을 얻고자 그에게 직위와 후한 월급을 주었다. 서재필은 정부의 자금으로 우리나라 최초의 한글신문인 「독립신문」을 창간했고, 같은해에는 독립 협회를 설립하여 나라의 자주권을 지키기 위해 노력했다. 이후 독립 협회가 정부의 탄압으로 해산되자 1898년 미국으로 다시 돌아갔다.

독립 협회 회원들과 서재필
(앞줄 왼쪽에서 네 번째)

가의 자주권을 지키고 근대적 개혁을 이루어 야 한다는 목소리가 커지기 시작하였다.

이런 상황에서 갑신정변의 실패로 미국으로 망명한 서재필이 귀국했다. 그는 당시 개화파 지식인을 대표하는 사람이었다. 서재필은 나라의 자주권을 지키려면 우선 언론을 통해 국민들을 깨우치는 것이 무엇보다 중요하다고 생각했다. 그래서 그는 독립신문을 만들어(1896년 4월 7일) 일반 백성들에게 조선 사회의 현실뿐만 아니라 외국 정세를 알려 국권과 인권을 높이려 했다.

그는 백성들에게 「독립신문」을 통해 당시 서양 세력이 조선에서 많은 경제적 이권을 빼앗아가고 있다는 사실을 알리는데 주력했다. 이러한 이권 침탈을 막기 위해서 국민들 스스로 배우고 깨우쳐서 나라를 지키기 위한 힘을 길러야 한다고 주장했다.

또한, 서재필은 윤치호·이상재 등의 지식인

독립신문
(한글판과 영문판으로 발행. 영자신문 제목 : THE INDEPENDENT)

더 알아보기

독립신문의 표기

우리 신문이 한문을 쓰지 않고 한글로만 쓰는 이유는 모든 국민이 다 보게 함이라. 또 국문을 이렇게 구절을 띄어 쓰는 것은 누구라도 이 신문을 보기 쉽고 신문 속에 있는 말을 자세하게 알아보게 함이다... 우리 신문은 빈부귀천에 관계 없이 이 신문을 보고 외국의 물정과 국내의 사정을 알게 하자는 뜻이니 남녀노소, 상하귀천 간에 우리 신문을 하루 걸러 몇 달간 보면 새로운 지각과 새 학문이 새길 것을 미리 알 것이다.

〈독립신문, 제1권 1호 건양 1년 4월 7일, 논설〉

들과 함께 독립 협회(1896년)를 설립했다. 또한 조선이 자주 국가임을 전 세계에 널리 알리기 위해 프랑스의 개선문을 본 따서 독립문을 세웠다. 이후 독립 협회는 회원 자격에 제한을 두지 않으며 각계 각층의 개화파 인사, 사상가 뿐만 아니라 일반 시민들까지 회원으로 받아들였다. 그리하여 개화파 지도층만을 대표하는 단체가 아닌 국민들을 대표하는 단체가 될 수 있었다.

독립 협회의 이러한 노력은 조선 사회 곳곳에 전해졌다. 전국적인 단체로 발전한 독립 협회는 이후 조선의 자주권과 근대화를 위해 많은 노력을 기울였다. 우선 그들은 평범한 민중들을 정치에 참여시키기 위해 1만여 명의 사람들이 참여하는 만민 공동회, 관민 공동회 등의 민중 대회

헌의 6조

1. 외국인에게 의지하지 말고 관리와 백성들이 마음과 힘을 함께 하여 전제 황권을 굳건히 한다.
2. 광산, 철도, 석탄, 산림 및 차관, 차병은 정부가 외국인과 조약은 각 부의 대신과 중추원 의장이 합동서명하여 시행한다.
3. 전국의 재정은 어떤 세금이든지 막론하고 모두 다 탁지부에서 관할하고, 예산과 결산을 공포한다.
4. 중대한 범죄에 관계되는 것은 특별히 공판을 진행한다.
5. 칙임관은 대황제 폐하가 정부에 자문해서 과반수의 찬성에 따라 임명한다.
6. 규정을 실지로 시행한다.

를 개최했다. 이러한 민중 대회는 단순히 참여에 의미에 두는 것에 그치지 않고 적극적인 정치 운동을 벌이기도 하였다.

이들의 노력으로 인해 조선은 러시아에 빼앗겼던 경제적 이권들을 되찾아 오기도 했다. 또한 민중들의 동의로 조선의 자주국권 수호 의지를 표방하고, 관민 공동회를 통해 외국의 이권 침탈을 방지하는 등의 내용이 포함된 헌의 6조를 발표하기도 했다.

독립 협회의 활동은 우리 역사에서 여러 가지 의미를 가진다. 이들은 소수 지식인이나 지도층뿐만 아니라 평범한 시민 계층까지 개혁 운동에 참여시킴으로써, 갑신정변이나 동학 농민 운동 등 이전의 개혁 운동이 도달하지 못했던 이상적인 형태의 개혁 운동이 될 수 있었다.

이처럼 독립 협회는 민중의 힘을 배경으로 열강의 이권 침탈을 막기 위해 노력했고, 민중 대회 개최를 통해 일반 국민들을 정치에 참여시킴으로

독립 협회가 주최한 강연회에 모여든 군중
독립 협회는 만민 공동회, 관민 공동회와 같은 민중 대회를 개최하여 열강의 이권침탈에 대항하고 자주독립을 수호하기 위해 노력했다. 그 과정에서 국민들의 참여를 중요시했다.

써 자주적 근대화 운동을 추구했다는 점에서 역사적 의의가 크다.

특히, 19세기말 한반도를 둘러싼 열강들의 세력 다툼에서 독립협회는 자주 국권 사상·자유 민권 사상·자강 개혁 사상 등을 통해 민중 계몽 운동과 국권 수호 운동·이권 수호 운동 등을 추진하였다

독립관
독립 공원 안에 있는 독립 협회의 건물이다. 중국 사신을 맞이하는 옛 모화관 건물을 1897년 5월에 독립 협회에서 독립관으로 개축했다. 현재의 건물은 1997년에 다시 지은 것이다.

〔좌〕 영은문(迎恩門), 〔우〕 독립문(獨立門)
독립 협회는 철거된 영은문 자리에 독립문을 세웠다. 이는 청나라의 사신을 맞이하던 영은문을 헐고 독립문을 그 자리에 다시 세움으로써 우리나라가 자주 국가임을 표방하기 위한 것이었다. 서재필의 자서전에 의하면 독립문은 프랑스의 개선문을 본떠서 서재필이 스케치한 것을 근거로 독일 공사관의 스위스인 기사가 설계했다고 한다. 공사비는 주로 기부금으로 충당했고, 1896년 11월에 착공하여 이듬해인 1897년에 완공했다.

더 알아보기

독립문 건립

문 이름은 독립문(獨立門)이라 하고, 새로 문을 그 자리에다 세우는 뜻은 세계 만국에 조선이 자주 독립국이란 표를 보이자는 뜻이요. …… 남의 나라에서는 승전을 한다든지 국가에 큰 경사가 있다든지 하면 그 자리에 높은 문을 짓는다든지 비를 세우는 풍속이라. 그 문과 그 비를 보고 인민이 자기 나라의 권리와 명예와 영광과 위엄을 생각하고 더 튼튼히 길러 후생들이 이것을 잊지 않게 하자는 뜻이요 , 또 외국 사람들에게 그 나라 인민의 애국하는 마음을 보이자는 표라.

「독립신문」, 제 22호(1896년 6월 20일), 논설

4. 대한 제국, 광무개혁을 추진하다

환궁 운동
국왕이 조선의 궁으로 돌아오
도록 요구하는 운동이다.

러시아 공사관에 피신해 있던 고종은 독립 협회를 중심으로 환궁 운동이 일어나자 마침내, 1897년 2월 경운궁(덕수궁)으로 돌아왔다. 그리고 고종은 러시아와 일본 간의 세력 다툼으로 인해 조선 정부에 대한 열강의 간섭이 적을 것으로 예상하고, 이를 근대화와 자주 국가로서 위상을 높이는 동시에 근대 개혁을 추진할 기회로 삼았다.

고종은 신하들에게 환구단을 세울 것을 명했고, 여기에 올라 하늘에 제사를 지내며 나라 이름을 대한 제국이라 칭하고 스스로 황제의 자리에 올랐다. 1897년 10월 12일 마침내 고종 황제는 대한 제국(大韓帝國)의 탄생을 선포했다. 고종 황제는 대한 제국과 중국이 서로 동등한 자주독립 국가임을 대내외에 선언함으로써 나라의 권위를 높이려고 하였다.

연호
한 국가의 군주가 자신이 다스
리던 시절에 연차에 따라 붙이
던 칭호이다. 고구려의 광개토
대왕이 영락이라는 연호를 사
용했는데, 이처럼 연호를 사용
한다는 의미는 중국과 대등한
자주 국가임을 강조하기 위한
것이다.

대한 제국을 선포한 고종 황제는 개혁을 추진하기 시작했다. 당시 고종 황제의 연호가 '광무'였기 때문에 이를 광무개혁이라 부른다. 광무개혁은 '구본신참(舊本新參)'을 개혁 원칙으로 삼았다. 이는 아관 파천 이후 신구 법규의 혼란과 모순을 없애 지속적으로 개혁을 추진하면서 옛 제

구본신참(舊本新參)
옛것을 기본으로 삼고 새로운
것을 참고한다는 의미이다.

대한 제국 내각(1900)　　　　　　　　　　　　　독일식 황제의 복장을 착용한 고종

도를 근본으로 삼고 새로운 서양의 제도를 널리 수용하여 개혁을 이루려는 의도였다.

고종 황제는 개혁의 기본 방향을 황제권의 강화에 두면서도 경제, 사회 발전을 위해 여러 정책을 펼쳤다. 이를 위해 각종 토지 제도를 개혁하고 상공업을 장려했다. 또한 교육의 중요성을 강조하며 근대적 교육 체계를 마련하기도 했다. 외교적으로는 간도와 독도를 우리 영토로서 지키기 위해 여러모로 노력했다.

경제 개혁을 위해 대한 제국 정부는 갑오개혁 당시부터 중요한 과제였던 양전 사업을 추진했다. 양전 사업을 토대로 우리나라 최초의 근대적 토지 소유권인 지계(토지문서)를 발급하여 근대적 토지 소유권 제도의 기틀을 마련했다.

한편, 교육 개혁을 위해 1897년 신교육령을 발표하여 소학교, 사범학교 등을 세웠다. 그리고 의학교, 상공학교, 외국어학교, 기예학교 등을 설립하여 근대 과학 기술 발전에도 힘쓰고, 국비 유학생을 파견하여 기술자 육성을 위해서 노력하기도 했다.

지계(地契)
광무개혁 때 지계아문(地契衙門)에서 토지 소유권을 증명하기 위해 발행한 문서이다.

양전 사업
양전이란 토지 조사 사업을 의미한다. 조선 전체 토지를 대상으로 농사짓는 땅을 조사 및 측량하여 전국의 농지 수를 측량하고 누락된 토지를 적발하는 것이다. 또한 그 땅이 농사짓기에 적합한 땅인지, 땅의 실제 주인은 누구인지 등을 조사함으로써 합리적으로 조세를 매기기 위하여 실시했다.

환구단(圜丘壇)
환구단은 '하늘의 아들'인 천자(天子)가 하늘에 제사를 지내는 단으로, 근대 이전에는 중국 황제만이 세울 수 있는 제단이었다. 고종은 환구단을 세우고 황제 즉위식을 거행하여 대한 제국이 중국과 동등한 국가임을 국내외에 선언했다.

황궁우(서울 종로)
고종 황제가 하늘에 제사 지낸 환구단의 부속 건물이다.

전제 군주권
왕 또는 황제에게 절대적인 권력이 주어지는 정치 체제를 말한다. 이 말은 왕의 권력이 법 위에 있다는 것을 의미하기도 하다.

이처럼 대한 제국은 자주적 입장에서 개혁을 추진함으로써 국가의 자주독립과 근대화를 위해 노력하고 경제, 교육, 사회 분야에서 많은 성과를 거두기도 했다. 하지만 당시 시대적 흐름에 어울리지 않는 전제 군주권의 확립을 개혁의 전제 조건으로 내걸면서 독립 협회 주도하의 민중 운동을 탄압하는 등 한계를 드러내기도 했다.

5. 항일 의병 전쟁, 내 나라는 내 손으로 지킨다

1) 을미 의병, 국모의 복수에 분개하다

예로부터 나라가 위기에 처했을 때 나라를 구하기 위해 자신을 희생한 사람들은 왕이나 양반들과 같은 지도층이 아니었다. 고려 시대 몽골의 침략이나 조선 시대 임진왜란, 병자호란 등 대부분 나라를 구하기 위해 목숨을 아낌없이 바친 사람들은 평범한 백성들이었다. 이것은 개항 이후 일본이 우리나라를 침략하려 할 때에도 마찬가지였다.

청·일 전쟁에서 승리한 일본은 궁궐에 침입해 자신들에게 방해가 되는 명성황후를 시해하는 만행(을미사

을미 의병 봉기 기념탑(강원 원주)
1896년 이곳(원주 안창리)에서 의병 일으킨 것을 기념하여 건립됐다.

의열사(강원 춘천)
유인석 영정, 의열사는 유인석을 모시는 사당이다.

변, 1895년)을 저질렀다. 명성황후를 시해한 일본에 대한 분노가 커져가던 가운데 단발령까지 반포되었다. 이에 전국 각지에서 일본과 친일 내각에 항의하는 의병들이 들고 일어났다. 항일 의병 전쟁이 시작된 것이다.

1895년 을미사변과 단발령에 반발하여 일어난 을미 의병은 주로 당시 양반 유생들이 주도하고, 일반 농민과 동학 농민군의 잔여 세력이 가세하였다. 한 때 3,000여 명이 넘는 의병을 거느렸던 유인석은 충청도 일대를 중심으로 활동하며 크게 기세를 떨치기도 했다.

하지만 1896년 아관 파천 이후 단발령이 철회되고 고종이 의병 해산을 명하자 대부분의 의병 부대는 스스로 해산했다. 이때 고종의 명을 거부한 일부 의병 부대는 중국의 만주 일대로 건너가 독립 전쟁을 준비하거나 활빈당 등의 농민 무장 조직을 만들어 일본에 대한 투쟁을 이어나갔다.

유인석(1842년~1915년)
을미사변 이전부터 개항 및 개화 정책에 대해 반대 운동을 해오던 유인석은 을미사변과 단발령을 계기로 의병을 일으켜 일제에 본격적으로 대항하기 시작했다. 한때 3,000여 명의 의병을 지휘하던 유인석은 국내에서의 의병 운동이 실패로 돌아간 뒤에도 연해주와 간도에서 죽기 직전까지 일제에 대항하여 투쟁했다.

2) 을사 의병, 평민 의병장이 활약하다

항일 의병 전쟁은 이로부터 10년 뒤 또 다시 이어졌다. 러·일 전쟁에서 승리한 일본이 대한 제국을 식민지화하기 위한 목적으로 을사늑약(1905년)을 강제로 체결하여 외교권을 빼앗자, 일본에 대항하기 위해 다시 의병이 일어났다. 이를 을사 의병(1905년)이라고 한다. 이때 활약한 의병 부대 중 대표적인 사람은 최익현·신돌석 등이 있다.

최익현은 양반 유생층의 대표적인 사람으로서 일본에 대항하기 위해 전라도 지역에서 의병을 일으켰는데, 그 규모가 1,000여 명에 달했다. 하지만 관군과 대치하게 되자 왕이 보낸 군대와 싸울 수 없다고 하여 스스로 체포됐고 일본군에 의해 쓰시마섬으로 끌려가 순국했다.

을사 의병이 일어났을 때에는 평민 출신 의병장들이 등장했다. 그 가운데 가장 눈부신 활약을 펼친 인물이 바로 신돌석이었다. 그는 '태백산 호랑이'라 불리며 경상도와 강원도 접경 지역을 넘나들며 3,000여 명의 의병들을 이끌고 일본군과 전투를 벌여 승리를 거두는 등 큰 활약을 했다.

순국
나라를 위하여 목숨을 바침.

항일 의병에 가담하는 농민들

3) 정미 의병, 해산 군인이 힘을 합치다

일본에 대항한 의병 전쟁은 2년 뒤 더욱 거세어졌다. 일본이 고종을 강제 퇴위시키고 대한 제국의 군대를 해산시키자 항일 의병 운동이 전국적으로 확산된 것이다. 정미년에 일어났다고 해서 이를 정미 의병(1907년)이라고 한다.

정미 의병 때에는 해산됐던 군인들이 의병 부대에 합류하면서 전투력과 조직력이 향상됐다. 군인들의 합류로 자신감에 찬 의병들은 이인영을 13도 창의군 대장으로 추대하고 전국 연합 의병 부대를 편성하여 서울 진공 작전(1908년)을 펼쳤다. 하지만 이 과정에서 신돌석·홍범도 등의 유능한 의병장들을 평민 출신이라는 이유로 제외하는 등 그 한계를 드러내기도 했다.

결과적으로 이들의 노력은 일본군의 우세한 화력과 의병 부대의 미숙한 전술로 인해 끝내 실패로 돌아갔다. 이후 일본 정부는 의병 부대를

더 알아보기

의병장 신돌석(申乭石, 1878년~1908년)
을미 의병 당시 19세의 젊은 나이에 100여 명의 의병을 이끌고 거사를 일으킨 신돌석은 1905년 을사 의병이 일어나자 이듬해 3월 재차 의병 운동을 전개했다. 이때 그의 의병 부대는 3,000여 명에 육박할 정도로 그 규모가 커졌다. 그는 의병 운동을 통해 일제에 저항하며 여러 차례 전투에서 큰 공을 세웠지만, 1907년 정미 의병 당시 13도 창의군 부대 편성에서는 평민 의병장 출신이라는 이유로 제외되기도 했다.

최익현(1833년~1906년)
전통적인 유생층의 대표 주자라 할 수 있는 최익현은 1873년 상소문을 올려 흥선 대원군이 정치 일선에서 물러나도록 한 인물이다. 개항과 개화 정책을 결사적으로 반대하던 그는 을미사변이 일어나자 의병 운동을 일으키기도 했다. 그는 을사조약 이후에도 의병 운동을 일으켰는데 당시 그의 나이 74세였다. 의병 운동이 실패로 돌아간 뒤 일본 땅인 쓰시마섬으로 압송된 그는 적이 주는 음식은 먹을 수 없다고 하며 단식하다가 끝내 순국하고 말았다.

신돌석 생가(경북 영덕)
신돌석은 을사늑약 이후 의병을 일으킨 인물로 영덕·영양·울진 등에서 많은 전과를 올렸다. 평민 출신으로 '태백산 호랑이'로 불렸다.

완전히 진압하지 않고는 대한 제국을 식민지로 만들기가 어렵다고 판단하여 '남한 대토벌 작전'이라는 이름으로 의병 부대를 대대적으로 탄압하기 시작했다. 이에 의병 전쟁은 더욱 위축됐고 이들은 대부분 국외로 이동하여 무장 투쟁을 이어갔다.

항일 의병 전쟁은 결국 실패로 끝났으나, 역사적으로 매우 중요한 의의를 가진다. 나라와 민족이 위기에 처하자 민중들이 자발적으로 일어난 구국 민족 운동이었으며 우리 민족의 강인한 독립 정신과 투쟁 의지를 널리 알려준 계기였다. 또한 의병은 이

더 알아보기

의병(義兵)

전술을 알지도 못하는 유생이나 무기도 없는 농민이 순국을 각오하고 맨손과 맨주먹으로 적과 싸워 뼈를 들판에 파묻을지언정 조금도 후회하지 않았으니, 이것이야말로 오랜 역사적 전통 가운데 배양된 민족정신의 발로였다.

박은식, 『한국독립운동 지혈사』

체포된 의병장 채응언(1879년~1915년)
채응언은 대한 제국 군인으로 복무하다가 1907년 군대가 해산되자 의병을 일으켜 경기·강원·황해·평안·함경도 등지에서 일본군과 무력 항쟁을 전개하여 명성을 떨쳤다. 최후의 의병장으로 불리던 채응언은 항일 유격전을 벌이다가 일본 경찰에게 체포되어 평양 형무소에서 순국했다(1915. 10.).

13도 창의군 기념탑(서울 노원)
서울 망우리 공원 입구에 있다.

체포된 의병장들
일제는 호남 지방 의병들의 끈질긴 저항을 없애기 위해 1909년 9월부터 2개월 동안 이른바 '남한 대토벌 작전'을 벌여 수많은 의병을 살해하거나 체포했다.

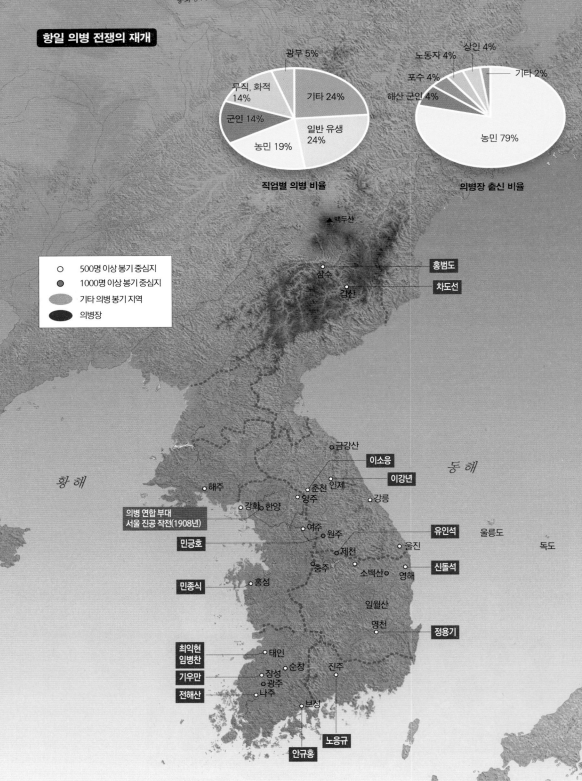

항일 의병 전쟁의 재개

송화강(쑹허강)

직업별 의병 비율

- 광부 5%
- 기타 24%
- 무직, 화적 14%
- 일반 유생 24%
- 군인 14%
- 농민 19%

의병장 출신 비율

- 노동자 4%
- 상인 4%
- 포수 4%
- 기타 2%
- 해산 군인 4%
- 농민 79%

○ 500명 이상 봉기 중심지
● 1000명 이상 봉기 중심지
　기타 의병 봉기 지역
　의병장

백두산

홍범도
차도선
삼수
갑산

황 해

동 해

금강산
이소응
이강년
춘천 인제
해주
양주
강화 한양
강릉
의병 연합 부대
서울 진공 작전(1908년)
민긍호
여주
원주
유인석
울진
울릉도
제천
독도
민종식
충주
소백산
신돌석
홍성
영해
일월산
영천
정용기
최익현
임병찬
태인
기우만
순창
진주
장성
전해산
광주
나주
보성
안규홍
노응규

후 일제 강점기에 독립 전쟁을 벌이는 독립군들의 원동력이 됐다는 점에서 커다란 의의를 가진다.

4) 안중근, 동양 평화론을 주장하다

전국 각지에서 의병 전쟁이 이어지던 때에 홀로 일본에 대항하여 투쟁을 벌이려던 사람도 있었다. 그 대표적인 인물이 바로 안중근이었다. 국내외에서 의병장으로 활약하던 안중근은 1909년 만주 하얼빈 역에서 한국 침략의 원흉인 일본의 이토 히로부미를 사살한 후 그 자리에서 체포됐다.

하지만 안중근 의사는 죽음을 앞두고도 조금도 두려워하지 않으며 대한 독립을 주장했다. 그는 감옥에서 동양 평화론을 저술하려다 끝내 완성시키지 못하고 순국하고 말았다. 안중근 의사는 자신의 의거를 통해 조국의 국권을 침탈하고 평화를 파괴하는 일본의 침략 행위를 응징했던 것이다. 이처럼 용기 있는 안중근 의사의 행동은 일제에 우리 민족의 굳건한 독립 의지를 보여주었다.

이토 히로부미(伊藤博文)
일제가 우리나라를 통치하기 위해 1906년 설치한 통감부의 초대 통감이다.

더 알아보기

안중근의 동양 평화론

안중근 의사는 이토를 사살한 것에 대해 개인의 투쟁이 아닌 의병 부대 참모중장으로서 독립 전쟁을 수행한 것이라고 밝혔다. 그는 이토 히로부미의 죄악 15가지를 밝히면서 우리나라를 식민지화 하기 위해 갖가지 만행을 저지른 것에 더하여 이토 히로부미가 동양의 평화를 교란시키고 있다고 밝히고 있는데, 이는 당시 일제의 우리나라에 대한 식민지 정책과 침략전쟁 확대가 우리나라뿐만 아니라 한 · 중 · 일 3국이 속한 동양의 평화를 깨뜨린다고 생각한 것이다. 안중근은 이토 히로부미가 러시아의 재무장관과 회담을 하기 위해 기차를 타고 만주 하얼빈에 온다는 소식을 전해들었다. 이에 안중근은 이토 히로부미를 처단할 중요한 이유이자 절호의 기회로 여겼던 것이다. 1909년 10월 26일 군대 사열을 받기 위해 기차에서 내리는 이토 히로부미를 권총으로 사살했다. 안중근은 '코레아 우라(대한 만세)'라고 크게 외친 후에 현장에서 체포되었다. 결국 뤼순감옥에 갇힌 안중근 의사는 1910년 2월 14일에 사형선고를 받고 같은해 3월 26일 순국했다.

안중근 의사가 저술한 미완성의 '동양평화론'에는 한 · 중 · 일 삼국이 모두 대등한 독립 국가로서 서로 협력하여 연맹체가 될 수 있는 구체적인 방안을 제시하고 있다. 그리하여 먼저 삼국 간의 상설기구인 동양평화회의를 뤼순에 조직해 기타 아시아 국가가 참여하는 회의로 발전시키고, 삼국 공동은행 설립, 3국 공동평화군 창설 등의 구체적인 구상도 밝혔다. 이처럼 그가 주장한 내용은 오늘날 유럽연합(EU)과 같은 형태였다. 이는 안중근 의사가 단순한 독립운동가가 아니라 시대를 앞서간 위대한 지식인이기도 했다는 것을 알 수 있게 해준다.

〈안중근 의사 '동포에게 고함'〉

내가 한국 독립을 회복하고 동양 평화를 유지하기 위하여 3년 동안을 해외에서 풍찬노숙하다가 마침내 그 목적을 달성하지 못하고 이곳에서 죽노니 각각 스스로 분발하여 학문에 힘쓰고 실업을 증진하여 나의 끼친 뜻을 이어 자주독립을 회복하면 죽는 여한이 없겠노라.

〈안중근 의사의 유언〉

내가 죽은 뒤에 나의 뼈를 하얼빈 공원 곁에 묻어두었다가 우리 국권이 회복되거든 고국으로 반장해다오. 나는 천국에 가서도 마땅히 우리나라의 회복을 위해 힘쓸 것이다. 너희는 돌아가서 동포들에게 각각 모두 나라의 책임을 지고 국민 된 의무를 다하며 마음을 같이 하고 힘을 합하여 공로를 세우고 업을 이루도록 일러다오. 대한독립의 소리가 천국에 들려오면 나는 마땅히 춤추며 만세를 부를 것이다.

 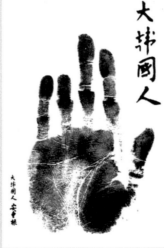

안중근 의사(1910. 3. 26, 순국 직전의 모습)과 단지된 손도장, '大韓國人'(대한국인)

이토 히로부미를 저격하는 장면(그림)　　　　안중근 동상(서울 중구, 안중근 기념관)

6. 애국 계몽 운동과 경제 구국 운동이 일어나다

1) 애국 계몽 운동을 펼치다

일제에 의해 외교권을 빼앗기고 자주 국가의 모습을 잃게 되는 을사늑약이 체결되자 우리나라 사람들은 많은 것을 깨달았다. 특히 개화 지식인들 사이에서는 나라를 근대화하려는 개화 사상을 받아들이지 않다가 결국 일제에 국권을 빼앗겼다는 사실을 반성하며 백성들을 일깨우고 실력을 양성하려는 움직임이 생겨났다.

이에 개화 사상가, 독립협회의 인사들을 중심으로 하여 조국의 실력 양성을 통해 일본에게 빼앗긴 국권을 회복하자는 운동이 일어났다. 이것을 애국 계몽 운동이라고 한다.

애국 계몽 운동을 주도한 사람들은 민족 교육을 통한 민중 계몽이 무엇보다도 중요하다고 생각했다. 그리하여 전국에 수많은 민족 학교를 세워 학생들에게 서양의 근대 학문을 가르치고 조국에 대한 애국심을 불어넣는 교육 활동을 펼쳤다. 이러한 민족 교육을 통해 길러낸 인재들을 전국의 학교로 진출시켜 청소년들에게도 신교육을 가르칠 수 있도록 하였다.

민중 계몽
당시 지식 수준이 낮았던 일반 백성들을 가르쳐서 깨우치도록 하는 것을 의미한다.

오산 학교(평북 정주, 1907년)
사진은 제1회 졸업식 장면 (1910년)이다.

황성신문(1898년~1912년)　　대한매일신보(1904년~1910년)

또한 민중 계몽을 위해 언론 활동에도 힘썼다. 제국신문, 황성신문, 대한매일신보, 만세보 등 여러 신문을 발행하여 일제가 국권을 빼앗아가고 있다는 사실을 알렸다. 뿐만 아니라 언론을 통해 일제의 침략 정책을 규탄하며 국민들로 하여금 국권 회복 의지와 독립 사상을 일깨우도록 하는데 큰 역할을 했다. 특히 몇몇 신문은 순한글이나 국한문으로 발행하여 한문을 잘 모르는 일반 민중들도 쉽게 읽을 수 있었다.

당시에는 여러 애국 계몽 운동 단체도 있었는데, 그중에서 가장 활발하게 활동한 단체는 신민회였다. 신민회는 1907년에 비밀리에 단체를 조직했는데, 이 조직에는 안창호·이승훈 등 당시 사회 지도층들이 대거 포함되어 있었다.

공화정(共和政)
오늘날과 같은 국민이 나라의 주권을 가지고 주인이 되는 것을 의미한다.

신민회는 국권 회복과 공화정 체제의 국가 건설을 목표로 하고 이를 위해 민족의 문화적, 경제적 실력 양성에 노력을 기울였다. 또한 오산 학교, 대성 학교 등을 세우고 민족 교육 활동을 전개하는 한편, 대한매일신보라는 신문을 통해 일제의 침략을 규탄하였다. 그리고 일반 민중들로 하여금 민족 의식과 독립 의식을 깨우치도록 하는데 노력했다.

이승훈(1864년~1930년)
독립운동가이자 교육자이기도 한 이승훈은 한때 민족기업가로서 사업에 성공하여 국내에서 손꼽히는 부자였다. 이후 사업에 실패한 그는 안창호를 만나 그의 강연을 듣고 개인의 성공보다는 민족을 구해야겠다는 결심을 하였다. 그리하여 이승훈은 오산 학교를 세워 민족교육에 힘쓰기도 했고 3.1 운동 당시에는 민족 대표 33인 중 한 명으로써 3.1운동을 위해 앞장섰다.

안창호(1878년~1938년)
독립운동가이자 교육자인 안창호는 신민회를 조직하는 데 앞장섰고, 대한매일신보를 통해 민중 계몽 운동을 전개했다. 독립을 위해선 교육을 통한 민족 혁신이 매우 중요하다고 주장하던 그는 대성 학교·동명 학원·점진 학교 등 3개의 교육기관을 설립했고, 청년학우회와 흥사단 등을 조직하여 민중 계몽 및 독립운동을 위한 지도자 양성에 힘썼다.

이와 함께 군사적 실력 양성을 위해 국외에 독립군 양성기지를 건설하고 독립군을 양성하는 일에도 힘썼다. 신민회의 이러한 노력은 이후 일제 강점기 국외 무장 독립 전쟁의 중요한 밑거름이 됐다.

2) 경제 구국 운동이 일어나다

일제의 경제적 침탈에 맞대응하여 이를 국민들의 힘으로 극복하기 위한 경제 구국 운동도 있었다. 을사늑약을 통해 대한 제국의 외교권을 빼앗은 일제는 대한 제국 정부에게 자신들로부터 엄청난 돈을 빌릴 것을 강요했

대성 학교
(평양, 1908년, 안창호가 세웠다.)

신흥 무관 학교
신흥 무관 학교는 항일 독립운동 기지를 위해 신민회의 주도하에 1911년 만주의 서간도 지역에 설립한 신흥 강습소에서 출발했다. 1919년 3·1 운동 이후 많은 청년이 찾아오면서 기존 시설만으로 이들을 수용할 수 없게 되자 본부를 옮기면서 신흥 무관 학교로 명칭을 바꿨다. 이후 신흥 무관 학교는 약 2,000여명의 졸업생을 배출했는데, 이들은 홍범도와 김좌진 장군의 부대에서 중심적인 역할을 하기도 했다.

신민회의 대내외 활동

블라디보스토크
한흥동
신한촌
독립운동 기지 건설
삼원보
유하
백두산
신흥강습소
(신흥무관학교)
오산학교(1907년)
정주
민족 교육 실시
대성 학교(1907년)
평양
자기 회사 설립
태극 서관 설립
보창 학교
민족 경제 육성
강화도
한성
태극 서관 설립
동해
울릉도
독도
태극 서관 설립
대구

서상돈(1851년~1913년)

김광제(1866년~1920년)

양기탁(1871년~1938년)

다. 그리고는 이 돈을 우리나라를 침략하기 위한 투자와 일본 거주민의 시설 개선 등 자신들이 원하는 곳에 사용했다.

일제로부터 빌린 돈과 이자가 눈덩이처럼 불어나 대한 제국 정부가 빚을 갚기가 어려운 지경에 이르렀다. 이처럼 나라가 어려운 상황에 처하자 일본에 빌린 돈을 국민의 힘으로 직접 갚아 국권을 회복하자는 국채 보상 운동(1907년)이 일어났다. 이 운동은 대구 광문사 사장 김광제와 부사장 서상돈에 의해 담배를 끊어 나랏빚을 갚자는 데서 시작되었다. 이렇듯 대구에서 시작된 국채 보상 운동은 전국으로 확대되었다. 각계 각층의 자발적인 참여가 이어졌는데, 남자들은 금주와 금연으로, 여자들은 근검 절약하여 모은 돈이나 반지나 비녀 등의 패물을 기부하였다. 이후 이 운동은 대한매일신보사를 이끄는 양기탁과 베델(Bethell)이 적극적으로 추진하였다.

이처럼 국민의 적극적인 호응이 있었지만 전국적으로 통일된 지휘체제가 없었고, 국채 보상금을 양기탁과 베델이 사적으로 사용했다고 조작한 일제의 방해로 실패로 돌아갔다. 국채 보상 운동은 비록 목적을 이루지는 못했으나, 이는 국민의 자발적 참여를 통해 우리 자주권을 지키기 위한 국권 회복을 위한 노력이었다.

국채 보상 운동 공원(대구 중구)에 있는 기념비와 김광제, 서상돈 흉상
아울러 한국의 국채 보상 운동에 관한 기록물은 2017년에 유네스코 세계 기록 유산에 등재되었다.

7. 독도는 '우리 땅!'

영토란 한 나라의 주권이 미치는 땅을 뜻한다. 영토 주권은 국가 간에 주요 외교 사안이 될 정도로 중요한 문제이다. 오늘날 독도를 두고 자신들의 땅이라고 억지를 부리는 일본의 행태도 이와 관련이 있다.

1905년 을사늑약으로 우리나라의 외교권을 빼앗아간 일제는 우리나라 영토마저도 그들 마음대로 처리하고자 했다. 먼저 간도 지역은 예로부터 우리 민족이 많이 거주하여 우리나라 영토로 인정되어 왔기 때문에 대한 제국 시기에는 간도 관리사를 파견하여 감독했다.

하지만 일본은 청나라와 간도 협약을 맺어 철도 부설권과 광산 채굴권 등을 얻는 조건으로 간도를 청나라에 넘겼다. 그 결과 우리나라는 간도에 대한 영유권을 잃게 됐다. 곧 우리 영토를 일제의 이익에 따라 마음대로 한 것이다. 만약 이런 일이 없었다면 아마도 우리나라 영토가 지금보다 훨씬 더 넓고, 백두산도 우리나라 영토가 되어 있을 것이다.

일제의 영토 침탈은 여기서 그치지 않았다. 독도는 삼국 시대인 512년 신라 지증왕 때부터 우산국(현재 울릉도)과 함께 우리나라 고유의 영토로 관리되어 왔다. 고려에 이어 조선 시대에도 독도는 우리 영토로 관리되어 왔다.

백두산정계비 탁본

백두산정계비(白頭山定界碑) 복원 모형

1712년 숙종 때 조선과 청나라 사이에 백두산 일대의 국경선을 표시하기 위해 세운 비석이다. 이후 1883년 비석을 다시 조사했는데 비석의 '서쪽의 압록과 동쪽의 토문을 분수령으로 삼는다.'는 내용에서 동쪽 경계로 삼은 '토문(土門)'에 대한 해석을 둘러싸고 조선과 청나라 사이에 의견이 엇갈렸다. 조선은 토문이 송화강의 한 부분이라며 백두산 이북 지역도 우리 영토라고 주장했고, 청나라는 토문이 두만강이라고 주장해 양측이 합의를 보지 못했다. 하지만 당시 백두산 북쪽 지역(간도 지역)에도 우리 민족이 많이 이주해 있었기 때문에 현실적으로는 조선 영토로 인정됐다. 그러나 1909년 일제가 청나라와 간도 협약을 맺고는 일방적으로 간도를 청나라에 팔아넘긴 것이다.

울릉도와 독도를 조선의 영토로 표시한 팔도총도
이 지도에는 쓰시마섬도 조선의 영토로 표시되어 있다.

『세종실록지리지』에는 울릉도와 독도를 강원도 울진현 소속으로 구분하고 있고, 중종 때 편찬된 『신증 동국여지승람』에 있는 지도에도 독도가 우리나라 영토로 명백히 나타나 있다. 숙종 19년(1693)에 안용복은 일본으로 건너가 독도가 조선 땅임을 확인받았다. 1900년 대한 제국은 칙령을 발표하여 독도의 영유권을 분명히 했다. 이처럼 독도는 역사적 기록에 다수 남아있을 정도로 명백한 우리 영토이다.

그러나 1904년 러·일 전쟁을 일으킨 일제는 군대를 동원하여 대한 제국을 위협하고 독도를 불법 점령했다. 이어 1905년에 독도를 일본의 시마네현으로 강제로 편입시켜 버렸다. 1906년이 되어서야 대한 제국 정부에 이러한 사실을 알렸지만, 당시는 이미 일제에 외교권을 빼앗긴 상태였기 때문에 대한 제국은 손 쓸 도리가 없었다.

1945년 8월 15일, 우리나라는 광복이 되자 바로 독도에 대한 영토 주권

독도 : 경상북도 울릉군 울릉읍 독도 이사부길 63, 서도 : 경상북도 울릉군 울릉읍 독도 이사부길 3

을 되찾아 왔다. 이후 일본은 끊임없이 불법 행위를 하며 독도가 자신들의 영토라고 억지를 부리고 도발하고 있다. 우리나라 정부는 이에 휘둘리지 않고 독도가 우리 땅이라는 사실을 더욱 확고히 하고 있다. 그리고 국제적으로도 독도는 한국의 영토임을 인정받고 있다.

앞으로도 일본과의 독도 분쟁은 끊이지 않을 것이다. 일본은 계속해서 독도를 국제 분쟁지로 만들어 국제 사법 재판소에 재소를 하겠다는 등 억지를 부릴 가능성이 높다.

그러므로 우리는 독도가 우리나라 영토임을 증명하는 역사적 사실들에 대해 정확히 알고 있어야 한다. 그리고 지금뿐만 아니라 후세에도 우리나라 모든 사람이 독도가 우리나라 땅임을 당당하게 밝힐 수 있도록 하는 것이 무엇보다 중요하다.

더 알아보기

대한 제국 칙령 제 41호

울릉도(鬱陵島)를 울도(鬱島)로 개칭(改稱)하고 도감(島監)을 군수(郡守)로 개정한 건

제1조: 울릉도를 울도로 개칭하여 강원도에 부속하고 도감을 군수로 개정하여 관제 중(官制中)에 편입(編入)하고 군등(郡等)은 오등급으로 할 것.

제2조: 군청 위치는 태하동(台霞洞)으로 정하고 구역은 울릉전와 죽도(竹島), 석도(石島)를 관할할 것

제6조 : 본령은 반포일로부터 시행할 것

광무 4년(1900) 10월 25일

*석도는 독도를 가리킴

독도의 '한국령(韓國領)' 표식

한국해(Sea of Korea)로 표시된 서양 지도

04 근대 문물이 들어오고 사회가 변화하다

조선을 소개하는 독일 엽서
"조선인들은 신체 단련과 활쏘기, 사냥에 많은 취미를 가지고 있다."
(달레, 『조선 교회사』, 1874년)

덕수궁 석조전(서울 중구)
덕수궁(경운궁) 안에 지어진 서양식 석조 건물로 1900년 착공하여 1910년에 완공됐다.

1. 세상이 달라지다

조선은 개항을 계기로 서양의 발달된 문물을 본격적으로 받아들였다. 물론 옛날에도 서양과 교류가 전혀 없었던 것은 아니었다. 중국이나 서역으로부터 여러 물건을 받아들였지만, 이 물건들은 귀하고 그 값이 매우 비쌌기 때문에 소수의 양반이나 부자들만 소유하거나 사용할 수 있었다. 하지만 개항을 계기로 서양의 문물들이 본격적으로 들어와 일반 백성들도 점차 접할 수 있게 됐다.

다양한 서양 문물이 들어오면서 사람들의 생활 모습도 많이 달라지기 시작했다. 그때 당시 서양에서 들여온 신식 물건에는 바다를 건너왔다는 뜻의 '양(洋)'이라는 글자를 붙여서 이름을 지었다. 양복·양말·양동이·양은 등이 이에 해당된다. 또한 당시 사람들로서는 신기한 새로운 물건도 들어왔다. 염색약은 의복의 색깔을 다양하게 만들 수 있게 했고, 회충약은 사람들을 질병에서 벗어날 수 있도록 도왔다. 남포등은 기존의 등잔불보다 훨씬 더 밝아 편리하고 그 쓰임새가 다양했다. 그 중에 성냥은 마치 요술을 부리듯 불이 켜지는 모습에 굉장히 신기하게 생각

개항 후 들어온 서양 물건들
당시 성냥, 석유통, 남포 등의 모습이다.

서양식 사교
외국 공관에서 서양인과 조선인이 서양식 의자에 앉아 프랑스산 포도주와 서양 담배 등을 즐기고 있는 모습이다.

장옷 입은 여인들

하기도 했다. 이처럼 다양한 서양 문물의 전래는 당시 의식주 생활 모습을 바꿔 놓았고 이에 따라 일상생활 모습도 많이 달라질 수 있었다.

먼저 의복 생활의 변화를 살펴보면, 상류층을 중심으로 양복을 입고 양말과 양화(구두)를 신는 것이 유행처럼 번지기 시작했다. 조선 정부 관리들은 기존의 복장을 대신해 양복을 착용하기 시작했고, 양복 차림에 안경과 서양식 모자를 쓰고 거리를 다니는 모습도 생겼다.

옷차림의 변화는 상류층과 고위 관료뿐만 아니라 일반 백성들 사이에서도 나타났다. 남자들은 종전의 저고리와 바지 외에 마고자와 조끼를 저고리 위에 걸쳐 입기도 했다. 마고자는 우리 한복에는 없던 양복의 조끼를 본떠 만든 장식용 옷이었다. 여성들은 서양 옷과 비슷하게 만든 개량 한복을 입고 양산을 사용하였다. 이에 따라 여성이 외출할 때 얼굴을 가리기 위해 걸치던 장옷은 점차 사라져갔다. 개량 한복은 이후 여학생의 교복이나 신여성들의 옷차림으로 점차 자리를 잡아갔다.

생활 모습의 변화는 식생활에서도 나타났다. 먼저 궁중과 고위 관료들을 중심으로 서양 음식이 유행하면서 빵·케이크·과자·커피 등이 들

새로 고안된 남성 복장인 마고자와 조끼
마고자는 저고리 위에 입는 덧옷으로, 흥선 대원군이 임오군란 이후 청으로 압송됐다가 돌아올 때 중국인의 마괘를 입고 있었는데 이것이 변형되어 널리 착용하게 됐다고 한다.

복제 개혁 후 관료 복장

어왔다. 또한 우유와 설탕, 서양의 조미료 등도 들어왔고, 최초의 국산 양약인 소화제 활명수도 애용됐다. 술·두부·떡 등을 만드는 공장이 세워지고, 서양식 설비를 갖춘 음식점, 커피숍 등도 생겨나기 시작했다. 자장면·짬뽕·잡채 등의 중국 음식과 단무지·우동·어묵 등의 일본 음식도 이때 들어온 것이다.

이처럼 외국 음식들이 들어오면서 전통적인 밥상 문화에도 변화가 일어나기 시작했다. 서양의 음식뿐만 아니라 그들의 식사 예절도 소개됐기 때문이다. 우리의 전통 식사 방법은 남자들은 독상을 받아 홀로 식사하는 것이 일반적이었지만, 이때부터는 겸상을 하거나 다같이 둘러앉아 함께 식사하는 두레상으로 바뀌어 갔다.

서양 문물의 유입은 주거 생활에도 영향을 주었다. 우리나라 양반의 전통적 집안 구조는 남성의 공간인 사랑채와 여성의 공간인 안채로 구분됐다. 신분의 높고 낮음에 따라 집의 크기도 제한되어 있었다. 세상이 바뀌면서 이러한 것들도 점차 바뀌어갔다. 일부 상류층은 새로 양옥을 짓고 살았으며 관공서나 숙소 등이 서양식 건물로 세워지기 시작했다.

외국인들이 들어와 살면서 부산·인천 등의 항구 도시를 중심으로 일본식 주택과 서양식 주택이 늘어났다. 이밖에도 외국인들을 위한 숙박

독상
한 상에 혼자서 밥을 먹는 밥상 문화를 말한다.

겸상
한 상에서 같이 밥을 먹는 것이다.

두레상
한 가족이 한 상에 둘러앉아 밥을 먹는 것으로 오늘날의 밥상 문화와 일치한다.

양옥
서양식 집을 의미한다.

서양식 오찬 모습

독상에서 식사하는 모습

손탁 호텔
서울 중구 정동에 있는 우리나라 최초의 서양식 호텔

시설이 건립되었는데, 그 중에서도 서양식의 2층 건물로 지어진 손탁 호텔이 유명했다.

이처럼 서양의 문물이 들어오면서 의식주 문화를 중심으로 우리의 전통 생활 모습에 많은 변화가 있었다. 이러한 변화는 일제 강점기에 이르러서는 더욱 달라졌다. 일제의 지배 아래 우리나라는 많은 것을 빼앗겼고 오히려 이전보다 힘든 생활을 하는 사람들이 많아졌다.

한편, 우리 동포들이 중국, 일본, 미국 등 해외로 본격적으로 이주하게 된 것도 이때부터였다. 일본과 을사늑약 체결 이후 일제의 탄압을 피해 만주, 연해주, 일본, 미국 등의 해외로 이주한 우리 동포들은 그곳에서 갖은 고초를 겪으며 새로운 삶의 터전을 일구어나갔다. 그 후손들이 여전히 그곳에서 생활을 하고 있다.

이처럼 서양의 문물이 들어오고 나서부터 우리 역사는 모든 것이 급격히 변하기 시작했고, 사람들의 생활 모습 또한 많은 것이 바뀌었다.

더 알아보기

외교와 사교의 무대, 손탁 호텔(Sontag Hotel)

손탁(Sontag : 한자명 孫鐸)은 독일 여성으로 러시아 공사 베베르의 친척이었는데, 이 여인이 경영하던 호텔을 '손탁 호텔'이라 불렀다. 1902년에 개업한 손탁 호텔은 당시 고종 황제의 거처였던 덕수궁과 가깝고 주한 외교관들이 자주 드나들던 정동에 있었다. 러시아풍의 2층 건물로, 실내 장식은 모두 서양식으로 꾸며졌다. 호텔 커피숍은 바로 이 호텔에 처음 생긴 것으로 알려져있다. 커피숍은 1층에 있었는데, 커피맛과 분위기가 일품이어서 고객들이 많았고, 커피를 무척 좋아한 고종 황제도 이 호텔의 커피를 즐겨 마셨다고 한다. 손탁 호텔 커피숍은 나라의 운명을 놓고 열강들이 각축전을 벌인 외교의 현장이기도 했다. 한·일 합방 조약(1910년)이 체결되기 전까지 손탁 호텔 커피숍은 미국이나 러시아 등 열강 등에게는 사교와 함께 이권 청탁, 각종 정보를 수집하는 무대였고, 일본에게는 경계의 장소이기도 했다.

그리고 이때 바뀐 의식주 문화나 생활 모습들이 오늘날까지 영향을 주고 있다.

남산에서 바라본 서울 모습(1890년대)

개항 이후 인천 제물포에 들어선 서양식 건축물(1904년)

미국 하와이 이민 1세와 2세

러시아 연해주 블라디보스토크에 조성된 한인 정착지 마을

2. 근대 시설의 도입, 새로운 세상을 만나다

개항 이후 서양의 문물을 다양하게 받아들이면서 서양의 과학 기술에 대한 관심도 점차 높아졌다. 이에 통신·교통·전기·의료 시설 등 각 분야의 많은 근대 시설이 들어왔다.

전화 개통

통신 시설인 전신은 1885년 서울과 인천 사이에 처음으로 가설됐다. 이어 서울과 의주, 서울과 부산 사이에 전신이 개통됐고, 이후 우리 기술로 중국, 일본 등 외국과 연결되는 국제 통신망까지 갖출 수 있게 됐다.

전화는 미국에서 발명된 이후 국내에서는 궁중에서 처음으로 사용됐다. 이후 서울과 인천 간에 시외 전화를 개통했고 서울과 수원, 개성과 평양 간의 전화 개설로 확대됐다. 이러한 통신 시설의 발달로 사람들은 며칠씩 걸리던 소식을 바로 알 수 있었다.

전기 시설은 미국인이 한성 전기 회사를 설립하면서부터 시작됐다. 이들은 발전소를 세워 전기를 생산하면서 1899년 서울 서대문과 청량리 사이를 왕래하는 전차를 개통했다. 이에 따라 대한 제국의 수도 한양은 동양에서 일본의 도쿄에 이어 전차가 운행되는 두번째 도시가 됐다. 또한 전기를 사용한 전등은 이보다 앞서 1887년 경복궁 안에 있는 건청궁에 처음으로 가설됐는데, 이는 서양의 유명한 발명가 에디슨이 전등

전차

경인선 철도 개통식 개통식(1900년 11월 12일 남대문역(현 서울역)	기차
광장에서 경인선 개통식이 열리고 있다.

을 발명한지 불과 8년이 지난 뒤였다. 이처럼 전기와 전등이 도입되면서 밤에도 밝게 생활할 수 있었고, 한성에서 전차를 타고 빠르게 이동할 수 있게 됐다.

근대 시설로 중요한 의미를 가지는 철도는 일본에 수신사로 다녀온 사람들을 통해 처음 알려졌다. 이후 1899년 일본에 의해 우리나라 최초의 철도인 경인선이 개통됐다. 이어 일본은 경부선과 경의선도 차례로 개통했는데, 철도를 경제적·군사적 침략의 수단으로 이용하기 위함이었다. 기차와 철도라는 새로운 이동 수단이 생겨 많은 사람과 물자를 빠른 시간 내에 수송할 수 있게 된 것이다.

더 알아보기

전차

1898년 12월 서대문에서 청량리까지 1단계가 완공된 후 1899년 5월 17일에 서울에서 전차 개통식이 열렸다. 전차 운영을 맡은 한성 전기 회사에 거금을 투자했던 고종은 자주 황실 전용 전차를 탔다고 한다. 고종은 전차를 타고 청량리에서 내려 을미사변으로 일제에 죽임을 당한 명성황후가 잠들어 있는 홍릉에 가서 슬픔을 달래기도 했다. 그러나 개통된 지 1주일 만에 탑골 공원(3·1 공원) 앞에서 5살 어린이가 전차에 치여 사망하자 성난 군중들이 전차를 공격해 불태워 버리는 사건이 벌어지기도 했다. 이처럼 전차는 근대화의 상징으로 환영받기도 했으나, 낯설고 위험한 존재로 인식되기도 했다.

광혜원(복원, 서울 연세대학교 구내)

이처럼 근대 시설의 도입은 국민의 일상생활을 편리하게 만들어주었다. 하지만 이러한 새로운 기술의 도입을 대부분 외국인의 손에 의지했기 때문에 우리의 독자적인 기술로 발전시켜 나가는데 한계가 있었고 나라의 재정에 큰 부담이 됐다. 또한, 외세의 이권 침탈에 악용되어 한국인들의 반발을 사기도 했었다.

개항 이후 국내로 들어온 선교사들은 우리나라에 근대 의료 기술을 보급하고 아울러 근대 의료 시설을 세웠다. 이때 세워진 광혜원은 우리나라 최초의 근대식 병원이었다. 광혜원은 갑신정변 때 우정국 사건으

명동성당
뒤로 멀리보이는 우리나라의 천주교를 대표하는 건물로 프랑스인 신부 꼬스트의 설계로 1892년 착공하여 1898년 준공됐다. 당시 명동성당은 '뾰족집'이라는 이름으로 불리며 장안의 명물이 되어 매일 많은 구경꾼들이 몰려왔다고 한다.

로 상처를 입은 민영익을 치료한 미국인 선교사 알렌의 건의를 고종이 받아들여 1885년 세워졌다. 이후 바로 이름을 제중원으로 바꾸며 왕실뿐만 아니라 일반 서민들까지도 진료했다.

석조전 중앙홀(서울 종로)

이후 국립 병원인 광제원이 설립되고 서양의 종두법을 도입했다. 대한 의원과 자혜 의원이 잇따라 설립되며 근대 의료 시설이 퍼져나갔다. 지금도 유명한 병원 중에 하나인 세브란스 병원도 이때 세워졌다.

종두법
천연두라는 무서운 병의 예방 접종으로 국내에서는 지석영이 처음으로 도입했다.

도시에는 전통 한옥 외에 서양식 건축물과 주택이 세워졌다. 서양의 발달된 건축 기술이 도입된 건축물이 세워지기 시작했는데 그중 대표적인 것이 명동 성당과 덕수궁 석조전이다. 이 건물들은 지금까지도 원래의 모습이 잘 보존되어 있다.

이처럼 다양한 근대 기술과 근대 시설의 도입은 우리나라가 근대 국가로서 발전해나가는데 중요한 역할을 했다. 하지만 그러한 근대 시설 중 일부는 우리나라에 대한 침략의 수단으로 이용된 부정적인 측면도 있었다. 특히 일본은 우리나라를 식민지로 지배하기 위해 근대 시설을 설치하거나 도입했고, 우리나라를 근대 국가로서 발전시켜주려는 목적은 아니었다.

지석영 동상(서울 종로)
서울대학 병원 전신인 대한 의원 앞에 있다.

지석영(1855년~1935년)
의사이자 국어학자이기도 했던 지석영은 일찍이 서양 의학서를 읽고 영국인 제너가 고안한 우두 종두법에 관심을 가졌다. 1880년에 제2차 수신사 일원으로 일본에 가서 직접 종두법을 익혀 귀국했다. 본격적으로 국내에 종두법을 보급한 지석영은 임오군란 때 친일파로 몰려 체포령이 내려지고 종두장이 파괴되기도 했다. 한편, 지석영은 이후 독립 협회에도 가담하여 적극 활동하는 등 개화 운동을 위해 노력하기도 했고, 국문 연구에도 이바지했다. 그는 개화가 늦어지는 이유를 어려운 한문 때문이라고 했다.

근대 시설의 도입

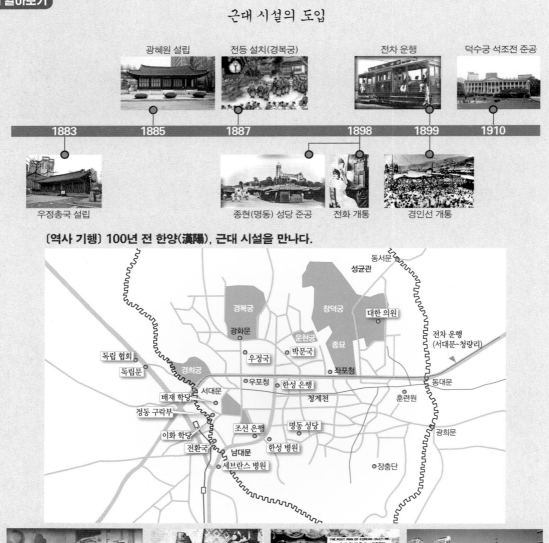

광혜원 설립   전등 설치(경복궁)   전차 운행   덕수궁 석조전 준공

1883   1885   1887   1898   1899   1910

우정총국 설립   종현(명동) 성당 준공   전화 개통   경인선 개통

〔역사 기행〕 100년 전 한양(漢陽), 근대 시설을 만나다.

성균관 동서문

경복궁   창덕궁   대한 의원

광화문   운현궁   전차 운행
(서대문~청량리)

독립 협회   우정국   박문국   종묘

독립문   경희궁   좌포청

배재 학당   서대문   우포청   한성 은행   동대문

정동 구락부   청계천   훈련원

이화 학당   조선 은행   명동 성당   광희문

전환국   남대문   한성 병원

세브란스 병원   장충단

초창기의 신문 제작 모습(1883년)

전화 교환원(1898년)

우체부 모습

약현 성당(서울 중구, 1892년)

경인선 한강 철교(1900년 준공)

경부선 기공식(1901년 기공,
1904년 완공, 444.5km)

외국어 전문 학교 설립(1899년)

3. 교육과 문화의 새로운 흐름이 나타나다

개항 이후 서양의 문물을 받아들이면서 조선 정부는 개혁의 필요성을 절실히 느끼게 됐다. 하지만 근대 국가로 발돋움하기 위해 꼭 필요한 인재가 많이 부족했다. 이에 정부는 개혁의 추진을 뒷받침할 만한 인재를 키우는데 많은 노력을 기울였다. 이에 따라 1883년 동문학을 세워 영어를 강습하고 통역관을 길러내려고 했다. 하지만 동문학은 학교라기보다는 통역관 양성소의 성격을 갖고 있었다.

1886년(고종 23) 최초의 근대식 관립 학교인 육영공원을 설립했다. 학교 이름이 '젊은 영재를 기르는 공립 학교'라는 뜻의 육영공원은 헐버트 (Hulbert H.B) 등 미국인을 교사로 초빙하여 현직 관료와 양반 자제들에게 영어·수학·과학·정치학 등의 근대 학문을 가르쳤다.

육영공원보다 앞서 민간에서 근대식 학문을 가르치기 시작했던 학교가 있었는데, 바로 1883년에 세워진 원산학사이다. 원산 지역은 개항과 동시에 일본인들이 들어와 살기 시작했는데, 이러한 주변 환경으로 원산 주민들은 우리나라의 교육 수준

육영공원에서 사용한 영어 교과서

근대 교육
서양 교사의 수업 장면. 우리나라의 근대 교육은 민간 최초의 근대식 학교인 원산학사 (1883년)가 설립되면서 시작됐다.

더 알아보기

교육 입국 조서(1895년 2월)

세계의 정세를 보면 부강하고 독립하여 사는 모든 나라는 다 국민의 지식이 밝기 때문이다. 이제 짐은 정부에 명하여 널리 학교를 세우고 인재를 길러 새로운 국민의 학식으로써 국가 중흥의 큰 공을 세우고자 하니, 국민들은 나라를 위하는 마음으로 덕(德)과 체(體)와 지(智)를 기르지어다. 왕실의 안전이 국민들의 교육에 있고 국가의 부강도 국민의 교육에 있도다.

이 일본인에 비해 뒤떨어진다는 사실에 자각하게 되었다. 이에 주민들의 자발적 참여와 개화파 관료의 도움을 얻어 원산학사를 세우고 학생들에게 근대 학문과 무예 등을 가르쳤다.

갑오개혁 이후 고종은 본격적으로 나라의 교육을 발전시키기 위해 교육 입국 조서와 신교육령을 발표하여 소학교, 중학교, 사범학교, 외국어학교 등을 세웠다. 이어 학생들을 가르칠 수 있는 교사를 길러내기 위해 한성 사범 학교도 세웠다.

선교
특정 종교를 선전하여 널리 알리는 것을 의미한다.

조선 정부뿐만 아니라 외국인 선교사들도 교육에 큰 관심을 가지고 있었다. 이들은 기독교 선교와 더불어 근대 학문을 가르치기 위해 학교를 세우기 시작했는데, 배재학당과 이화학당 등이 대표적이다. 최초의 여학교인 이화학당은 여성들을 적극적으로 교육시킴으로써 근대 의식을 가진 신여성을 길러내기 위해 노력했다.

선교사들이 세운 학교와 함께 민족 지도자들이 직접 세운 학교도 있었다. 이 학교들을 신민회의 일원이자 민족 지도자였던 안창호와 이승훈은 대성 학교와 오산 학교를 세웠으며, 교육을 통해 근대화와 민족 독

배재학당(1885년)

이화학당(1886년)

립을 이끌 인재를 기르는데 이바지했다.

이처럼 조선 정부와 선교사, 민족 지도자들이 나라의 교육 발전에 힘 썼다면, 학자들 사이에서는 우리나라의 국어와 역사 연구에 힘을 쏟아야 한다는 목소리가 커지기 시작했다. 이들은 을사늑약 이후 일본에 나라의 주권을 빼앗긴 상황을 안타까워하며 국어와 역사 연구를 통해 애국심과 독립 정신을 키우려고 노력했다. 일본의 침략으로부터 민족 문화를 지키는 것이 무엇보다 중요하다고 생각했기 때문이다. 이들은 우리의 말과 역사를 지키는 것이 곧 나라의 독립을 지키는 것이라 여겼다.

우리말(국어)에 대한 연구도 활발히 진행됐는데, 국어 연구자들은 그동안 사용해온 중국 글자인 한자에서 벗어나 우리의 말과 글을 중시해야 한다고 주장했다. 그리하여 주시경은 국어 문법을 연구하고 이를 바탕으로 국문연구소를 세우며 우리말을 '한글'이라고 칭하는 등 국어의 발전을 위해 노력했다. 그는 한글 보급과 대중화에 크게 이바지하여 많은 사람이 보다 더 쉽게 한글을 사용할 수 있게 했다.

신채호와 박은식은 우리 근대 역사학의 기초를 세운 학자들로 일본의 식민 지배를 비판하고 근대 역사학의 방향을 제시하는 데 앞장섰다. 신채호는 을지문덕·강감찬·최영·이순신 등 외적의 침략으로부터 나라를 구한 민족 영웅들의 이야기를 책으로 편찬하여 일반 국민들로 하여금 애국심을 가질 것을 주문했다.

현채는 학교 교과서로서 초등용인 『유년필독』과 『동국사략』을 편찬하여 학생들로 하여금 민족의 자주성과 애국심을 키우도록 했다. 이중 『유년필독』은 국가, 역사, 지리, 인물, 애국 등의 여러 학문 내용을 포함한 아동용 교재로서 이후 일제에 의해 가장 많이 압수되기도 했던 책이다. 이처럼 우리 국어와 역사에 대한 연구는 당시 국민들에게 민족 의식과 독립 의식을 키워주도록 하는데 크게 기여했다.

한글
주시경은 우리말과 글을 아끼고 소중하게 여김으로써 국민들이 민족 문화에 대한 자부심을 느끼고 나라를 사랑하는 마음을 가질 수 있도록 노력했다. 이에 우리글에 '한민족의 크고 바르고 으뜸가는 글'이라는 뜻의 '한글'이라는 이름을 붙이게 됐다.

박은식 (1859년~1925년)
역사학자이자 언론인, 독립운동가이기도 했던 박은식은 「대한매일신보」와 「황성신문」을 비롯하여 다수의 신문과 잡지들에 나라를 위한 논설을 쓰고, 애국 계몽 사상가로서 커다란 영향을 끼쳤다. 그는 애국 계몽 운동에 앞장섰으며 민족 교육을 위해 힘썼고, 특히 국권 회복의 실력을 양성하기 위해서는 개화 사상과 신학문에 힘쓸 것을 주장했다. 일제에 의해 국권을 빼앗기자 중국과 연해주로 망명하여 독립운동을 펼치기도 했다. 1925년 당시 분열될 위기에 놓인 대한민국 임시 정부의 제2대 대통령에 취임한 박은식은 죽기 직전에 "독립 쟁취의 최후 목적 달성을 위해 반드시 단결하라."는 유언을 남기기도 했다.

국어 연구 - "한글을 업신여기지 말라."

주시경(1876년~1914년)

주시경의 국어학 연구서인 『국어문법』(1910년)

우리 반도에 태곳적부터 우리 반도 인종이 따로 있고 말이 따로 있으나 글은 없더니 지나와 통한 후로 한문을 일삼다가 우리 왕조의 세종 대왕께서 지극히 밝으시어 각국이 다 그 나라 글이 있어 그 말을 기록하여 쓰되 홀로 우리나라의 글이 완전치 못함을 개탄하시고 국문을 교정하사 중외에 반포하셨으니 참으로 거룩하신 일이로다. 그러나 후생들이 그 뜻을 본받지 못하고 오히려 한문만 숭상하며 어릴 때부터 이삼십까지 아무 일도 아니하고 한문만 공부로 삼았으되 능히 글을 알아보고 능히 글로 그 뜻을 짓는 자가 백에 하나도 못 되니 이는 다름이 아니라 한문은 형상을 표하는 글일 뿐더러 본래 다른 나라 글인 고로 이같이 어려운지라. ……

전국 인민의 사상을 돌리며 지식을 다 넓혀 주려면 불가불 국문으로 각색 한문을 번역하여 남녀를 물론하고 다 쉽게 알도록 가르쳐 주어야 될지라. 영국, 미국, 프랑스, 독일 같은 나라들은 한문을 구경도 못했지만 저렇듯 부강함을 보시오. 우리 동방도 사천여년 전부터 개국한 이천만 민중 사회에 날로 때로 통용하는 말을 입으로만 서로 전하던 것도 큰 흠절이거늘 국문이 생겨난 후 기백 년에 사전 한 권도 만들지 않고 한문만 숭상한 것이 어찌 부끄럽지 아니하리오. 지금 이후부터는 우리 국어와 국문을 업신여기지 말고 힘써 그 문법과 이치를 탐구하며, 사전과 문법과 독본들을 잘 만들어 더 좋고 더 편리한 말과 글이 되게 할 뿐 아니라, 우리 온 나라 사람이 다 국어와 국문을 우리나라 근본의 주장 글로 숭상하고 사랑하여 쓰기를 바라노라.

주시경, 『서우』 제2호, (1907년 1월)

국사 연구 – "정신이 없는 역사는 정신이 없는 민족을 낳는다."

신채호(1880년~1936년)

신채호의 편지(1901년)

　국가의 역사는 민족의 소장성쇠(消長盛衰)의 상태를 가려서 기록한 것이다. 민족을 버리면 역사가 없을 것이며, 역사를 버리면 민족의 그 국가에 대한 관념이 크지 않을 것이니, 아아! 역사가의 책임이 그 또한 무거운 것이다. …… 우리나라의 중심 종족인 단군의 후예로 발달된 참된 자취가 명백하거늘 무슨 까닭으로 우리 조상을 그릇 기록함이 이에 이르렀는가. 오늘날에 있어서 민족주의로써 전 국민의 어리석음을 깨우치며, 국가 관념으로써 청년들의 머리를 도야하여 우세한 자는 살아남고 열등한 자는 멸망한다는 기로에 처하여 한 가닥 아직 남아 있는 국가의 명맥을 지키고자 하려면 역사를 버리고는 다른 방책이 없다고 할 것이나, 이런 역사를 역사라고 할진대 역사가 없는 것만 같지 못하다.

　역사를 쓰는 자는 반드시 그 국가의 주인 되는 한 종족을 먼저 드러내어, 이것으로 주제를 삼은 후에 그 정치는 어떻게 흥하고 쇠했으며, 그 산업은 어떻게 번창하고 몰락했으며, 그 무공(武功)은 어떻게 나아가고 물러났으며, 그 생활 관습과 풍속은 어떻게 변하여 왔으며, 그 밖으로부터 들어온 각각의 종족을 어떻게 받아들였으며, 그 다른 지역의 나라들과 어떻게 교섭했는가를 서술하여야 이것을 역사라고 말할 수 있다. 만일 그렇지 않다면, 이것은 정신이 없는 역사이다. 정신이 없는 역사는 정신이 없는 민족을 낳을 것이며, 정신이 없는 국가를 만드니 어찌 두려워하지 않겠는가.

신채호, 「독사신론」 서론(대한매일신보 연재)

독립기념관(충남 천안)
일본의 역사교과서 왜곡 사건을 계기로 전 국민의 염원을 담아 1987년 개관했다. 일제 강점기 우리 민족의 수난과 독립 운동사 등에 관한 역사적 사실을 기리고, 독립운동에 관한 각종 자료를 보관 및 전시한다.

II

일제 강점기 민족 독립운동의 전개

1910년 일제에게 국권을 빼앗긴 우리 민족은 이후 35년 간 일제의 식민 통치를 받으며 온갖 수난과 역경을 견뎌야 했다. 일제는 한반도를 대륙 침략의 기지로 삼으며 우리나라로부터 사회적, 경제적으로 모든 것을 빼앗아감으로써 우리 민족을 억압하고 착취했다. 남자들을 전쟁에 동원하는 한편 식량이나 지하자원 등 전쟁에 필요한 물자를 빼앗아가며 우리 국민을 끝없이 괴롭히고 수탈했다. 하지만 이런 상황에서도 우리 민족은 민족 독립에 대한 희망을 잃지 않았다. 1919년 3·1 운동을 통해 전국적으로 만세 운동을 벌이며 우리 민족의 독립 의지를 세계에 널리 알렸고, 대한민국 임시 정부를 수립하여 자주독립을 위한 여러 가지 독립운동을 수행하거나 지원했다.

또한, 국외에서 무장 독립 투쟁을 전개하여, 홍범도·김좌진 등은 일본군을 상대로 큰 승리를 거두었다. 독립군은 일제의 극심한 탄압으로 많은 시련을 겪기도 했지만, 이후 대한민국 임시 정부의 주도하에 한국 광복군 등을 조직하여 조국 독립의 꿈을 끝까지 이어갔다. 독립군뿐만 아니라 이봉창과 윤봉길 등은 자신의 목숨을 건 의거를 통해 일제와 전 세계에 우리의 독립 의지를 알리기도 했다.

한국인들은 일제의 탄압과 수탈 정책에 대해 반발하며 6·10 만세 운동을 일으켰고, 학생들 또한 조국을 위해 일제에 대항하고자 광주 학생 항일 운동을 일으키기도 했다. 또한 신간회를 조직하여 좌우합작을 통한 민족 유일당운동을 전개하기도 했고, 조선어 학회와 민족주의 사학자들도 민족 문화 수호 운동을 벌이며 우리의 말과 역사를 보존하고 발전시키기 위해 노력했다.

이러한 국내외의 노력 끝에 우리나라는 1945년 광복의 그날을 맞이할 수 있게 됐고, 우리나라의 광복은 일제의 식민지하에서도 끝까지 조국 독립에 대한 희망의 끈을 놓지 않으며 목숨을 바쳐 독립운동을 해온 우리 국민이 이루어낸 성과라 할 수 있다.

그때 우리는

1914	대한 광복군 정부 수립
1919	3 · 1 운동, 대한민국 임시 정부 수립
1920	봉오동 전투, 청산리 대첩
1926	6 · 10 만세 운동
1927	신간회 조직
1929	광주 학생 항일 운동
1932	이봉창 · 윤봉길의 의거
1940	한국 광복군 창설
1945	8 · 15 광복

그때 세계는

1914	제1차 세계 대전(~1918)
1917	러시아 혁명
1920	국제 연맹 성립
1921	중국 공산당 결성
1924	중국, 제1차 국 · 공 합작
1929	세계 경제 공황
1931	만주 사변
1939	제2차 세계 대전(~1945)
1941	태평양 전쟁(~1945)
1945	얄타 회담

01

일제의 침략과
민족의 수난이
시작되다

광화문 뒤에 있었던 조선총독부

조선총독부는 1910년 한 · 일 병합 조약을 통해 우리나라의 주권을 강탈한 일제가 1945년 패망할 때까지 무력(군대와 경찰)을 통해 우리 민족을 식민 통치하고, 민족 운동 탄압과 수탈을 총지휘한 식민지배의 최고 통치기구였다. 이 건물은 광복 후 중앙청, 국립중앙박물관 등으로 사용되다가 1996년 역사바로세우기 일환으로 철거되고 중요 건축 부재는 독립기념관에 공원을 만들어 전시하고 있다.

1. 일본에 나라를 빼앗기다

러·일 전쟁(1904년~1905년)을 계기로 일본은 미국·영국·러시아 등 열강으로부터 한국에 대한 지배권을 인정받았다. 당시 서양 제국주의 국가들은 약소 국가를 침략하여 식민지로 만들기 위해 다투고 있었는데, 미국은 필리핀을, 영국은 인도를 각각 지배한다는 것을 인정받는 조건으로 일본에게 우리나라의 지배권을 승인한 것이다.

이처럼 열강들은 약소국을 먹잇감을 나눠가지 듯이 침략했다. 이제 한국 지배에 대한 경쟁 국가가 없게 된 일본은 우리나라를 식민지로 삼으려는 야욕을 구체적으로 드러냈다.

첫 순서로 일본은 1905년 을사늑약을 강제로 체결하여 우리나라의 외교권을 빼앗았다. 외교권을 빼앗겼다는 의미는 나라의 주권을 잃었다는 의미와 같다. 이제 일본의 허락 없이는 어느 나라와도 외교 관계를 맺을 수 없

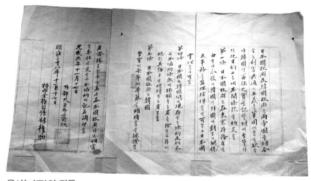

을사늑(조)약 전문

덕수궁 중명전(서울 중구)
을사늑약 체결(1905년) 장소
이다.

1905년 11월 17일에서 19일 새벽까지 무력을 동원해 을사늑약을 강제로 체결한 상황을 풍자한 당시 신문의 삽화

게 된 것이다. 이에 많은 사람이 의병을 일으키며 일제의 국권 침탈에 저항했다.

장지연은 황성신문에 '시일야방성대곡'이라는 글을 써서 을사늑약의 부당함에 대한 분노를 표현하기도 했다. 시일야방성대곡은 대한매일신보에도 영문으로도 실렸다. 을사늑약의 위기를 느낀 고종 황제는 대한매일신보에 친서를 발표했다. 그 내용은 을사늑약에 대한 제국

더 알아보기

장지연의 시일야방성대곡(是日也放聲大哭)

지난 번 이토(伊藤) 후작이 내한했을 때에 어리석은 우리 인민들은 서로 말하기를, "후작은 평소 동양 삼국의 정족(鼎足) 안녕을 주선하겠노라 자처하던 사람인지라 오늘 내한함이 필경은 우리나라의 독립을 공고히 부식케 할 방책을 권고키 위한 것이리라." 하여 인천항에서 서울에 이르기까지 관민상하가 환영하여 마지 않았다. 그러나 천하 일 가운데 예측키 어려운 일도 많도다. 천만 꿈밖에 5조약이 어찌하여 제출됐는가. 이 조약은 비단 우리 한국뿐만 아니라 동양 삼국이 분열을 빚어낼 조짐인 즉, 그렇다면 이토 후작의 본뜻이 어디에 있었던가? 그것은 그렇다 하더라도

우리 대황제 폐하의 성의(聖意)가 강경하여 거절하기를 마다 하지 않았으니 조약이 성립되지 않은 것인 줄 이토 후작 스스로도 잘 알았을 것이다. 그러나 슬프도다. 저 개돼지만도 못한 소위 우리 정부의 대신이란 자들은 자기 일신의 영달과 이익이나 바라면서 위협에 겁먹어 머뭇대거나 벌벌 떨며 나라를 팔아먹는 도적이 되기를 감수했던 것이다.

아, 4천년의 강토와 5백년의 사직을 남에게 들어 바치고, 2천만 생령들고 하여금 남의 노예되게 했으니, 저 개돼지보다 못한 외무대신 박제순과 각 대신이야 깊이 꾸짖을 것도 없다 하지만 명색이 참정(參政)대신이란 자는 정부의 수석임에도 단지 부(否)자로써 책임을 면하여 이름거리나 장만하려 했더라 말이냐. 김청음(金淸陰, 김상헌)처럼 통곡하여 문서를 찢지도 못했고, 정동계(鄭桐溪, 정온)처럼 배를 가르지도 못해 그저 살아남고자 했으니 그 무슨 면목으로 강경하신 황제 폐하를 뵈을 것이며, 그 무슨 면목으로 2천만 동포와 얼굴을 맞댈 것인가.

아! 원통한지고, 아! 분한지고. 우리 2천만 동포여, 노예된 동포여! 살았는가, 죽었는가? 단군.기자 이래 4천년 국민정신이 하룻밤 사이에 홀연 망하고 말 것인가. 원통하고 원통하다. 동포여! 동포여!

황성신문(1905년 11월 20일)

의 주권자인 자신이 직접 서명하지 않았으니 무효라는 것이었다. 나아가 고종 황제는 1907년 만국 평화 회의가 열리는 네덜란드 헤이그에 이준·이상설·이위종 3인을 특사로 파견하여 을사늑약의 부당함을 알리고자 했다. 만국 평화 회의에 참석한 전 세계 각국의 외교관들에게 을사늑약의 부당함을 알림으로써 국제 사회에 도움을 요청하고 일제의 만행을 낱낱이 밝히고자 한 것이다.

이 사실을 알게 된 일제는 대한 제국 특사의 회의 참석을 막기 위해 방해 공작을 펼쳤다. 의장국인 러시아는 일본과의 마찰을 피하기 위해 특사의 회의 참석 문제를 초청국인 네덜란드에 떠넘겼다. 결국 회의 참석을 거부당한 특사들은 여러 나라의 언론인을 상대로 기자회견을 열어 을사늑약의 부담함과 일제의 침략을 알렸으나 구체적인 성과는 얻지 못했다. 이에 울분을 참지못한 이준은 네덜란드에서 병으로 순국하였다.

그런데 일제는 오히려 헤이그 특사 사건을 구실삼아 고종 황제를 강제로 퇴위하게 했다. 그리고 한·일 신협약(일명 정미 7조약, 1907년)을 강제로 체결하며 대한 제국의 군대를 해산시켰다. 또 보안법과 신문지법을 만들어 집회를 열 수 있는 자유를 박탈하고 신문 등의 언론 활동을 통제했다. 이 법을 통해 항일 운동의 단체와 인물을 합법적으로 탄압하였다.

퇴위
왕위에서 끌어내리는 것을 의미한다.

집회
집회란 사람들이 특정한 목적을 위하여 일시적으로 모이는 것이다.

남산에 있었던 조선총독부

통감부·조선총독부 터(서울 중구)

헤이그 특사

헤이그에 파견된 특사는 이상설(李相卨), 이준(李儁)과 이위종(李瑋鍾) 등 3인이었다. 이들 외에도 고종에게 헤이그에 특사를 보낼 것을 건의했던 헐버트가 먼저 네덜란드에 도착하여 처음부터 사절단을 도왔다. 3명의 특사의 한국 출발 시기는 각각 달랐다. 이상설은 평화회의가 개최되기 1년 전인 1906년 4월에 한국을 떠나 북간도 용정촌(龍井村)에 머무르고 있었고, 이준은 1907년 4월 서울을 떠나 블라디보스토크에서 이상설과 만났다. 이상설과 이준은 6월 중순경 시베리아철도 편으로 당시 러시아의 페테르스부르크(Petersburg: 지금의 상트페테르부르크)에 도착하여 이위종과 합류했다.

네덜란드 헤이그에 도착한 특사 일행은 먼저 평화회의에 공식적으로 한국 대표의 자격으로 참석하기 위해 만국평화회의 의장을 방문해 도움을 청하였으나, 의장은 형식상의 초청국인 네덜란드에 그 책임을 미루었다. 하지만 네덜란드 정부는 각국 정부가 이미 을사늑약을 승인한 이상 한국 정부의 자주적인 외교권을 인정할 수가 없다는 이유를 들어 회의 참석과 발언권을 거부했다.

회의에 참석하지 못한 특사 3인은 네덜란드 신문사의 주선으로 국제사회에 호소할 기회를 얻었고, 여기서 외국어에 능통한 이위종이 세계 언론인들에게 '코리아의 호소(A Plea for Korea)'라는 주제로 연설을 하여 세계 각국의 주목을 받기도 하였으나, 구체적인 성과를 얻지는 못했다.

헤이그 특사. 왼쪽부터 이준, 이상설, 이위종

헤이그 특사 기념관(네덜란드 헤이그)

고종 황제가 수여한 헤이그 특사 위임장(1907. 4. 20)

헤이그 특사 활동을 보도한 네덜란드 현지 신문

이처럼 우리나라에 대한 침략을 차근차근 진행하던 일제는 얼마 후 대한 제국의 사법권과 경찰권마저 빼앗고, 1910년 8월 29일 한·일 병합 조약을 강제로 맺어 우리나라를 식민지로 만들었다. 이를 '경술국치'라고 한다.

이에 대한 제국(조선 왕조)은 역사 속으로 사라지게 됐고, 이후 35년 간 일제의 식민 통치라는 길고 긴 암흑기를 겪었다. 그러나 이처럼 어려운 시기에서도 우리 민족은 독립에 대한 희망을 잃지 않고 일제의 식민 통치에 맞서 독립 투쟁을 펼쳐나갔다.

2. 35년 간 기나긴 고난의 세월을 이겨내다

우리나라를 식민지로 만든 일제는 전국에 군인과 헌병을 배치하여 우리 민족을 무력으로 탄압했다. 겉으로는 우리 민족을 일본 국민과 차별 없이 대우를 하겠다고 선전했지만, 실제로는 한국인에 온갖 차별 정책을 실시했다. 일제는 조선총독부를 설치하여 식민 통치의 중심으로 삼

일장기가 걸린 경복궁 근정전(서울 종로)

초대 총독 데라우치 마사타케

태형
작은 형장(회초리)으로 볼기를 치는 형벌을 말한다.

고 조선 총독에 군인 출신인 데라우치를 임명했다.

군인 출신을 가장 높은 직책에 임명한 것에서 알 수 있듯이 일제는 총·칼과 같은 무력 수단으로 식민 지배했는데, 이를 '무단 통치'라고 한다. 일제는 일반 관리뿐만 아니라 학교의 교원까지도 제복을 입고 칼을 찬 채로 근무하게 하여 어린 학생들에게까지 일본에 대한 공포심을 심어주었다.

전국에 배치한 헌병 경찰은 즉결 처분권을 가지고 있었다. 즉, 재판 없이도 우리 민족을 태형, 벌금 또는 징역형에 처할 수 있었다. 헌병 경찰은 죄 없는 우리 민족을 탄압하고 착취했으며, 수많은 독립운동가를 감옥에 가두고 처형했다.

일제의 무단 통치는 점점 심해졌다. 이에 우리 민족은 일제에 저항하여 우리의 독립의지를 알리고자 3·1 운동(1919년)을 일으켰다. 하지만 일제는 우리 민족의 평화적인 만세 시위를 무자비하게 탄압하고 수많은 사람을 잡아가 옥에 가두었다. 3·1 운동은 일제의 무력 탄압으로 실패로 돌아갔다. 그러나 이를 계기로 일제의 만행이 세계에 널리 알려졌고 평화적인 3·1 운동을 잔인하게 탄압한 일본에게 세계 각국의 비난이 쏟아졌다.

교원들이 칼을 차고 있는 모습

일제의 만행

이에 일제는 지금까지의 총·칼로 억압하던 무단 통치에서 '문화 통치' 방식으로 바꾸지 않을 수 없었다. 하지만 이는 자신들에게 쏟아지는 국제 사회의 비난을 무마하기 위한 속임수에 불과했고, 오히려 우리 민족에 대한 탄압은 더욱 심해졌다.

서대문 형무소(서울 서대문)
1908년 조선통감부가 의병 등 일제에 저항하는 사람들을 탄압하고 가두려는 목적으로 만든 감옥이다. 이후 수많은 독립운동가가 이곳에 투옥되어 고초를 겪기도 했다.

일제는 총독을 군인 출신이 아닌 문관 임명을 표방했으나 문관이 임명된 적은 한번도 없었다. 또한, 무단 통치의 수단이던 헌병 경찰을 없애고 보통 경찰로 전환한다고 했으나, 경찰의 인원은 오히려 3배 이상 늘어 우리 민족에 대한 감시와 억압은 더욱 심해졌다. 그리고 우리 민족에게도 교육의 기회를 주겠다고 선전했으나, 실제로는 수준 낮은 초보적 교육이나 기술 위주의 교육에 치중했다. 이처럼 일제는 우리 국민을 식민지배에 순응하는 노예적 국민으로 만들려는 비열한 수단을 쓰기도 했다.

3·1 운동을 계기로 1920년대에 일제는 우리 민족에 대해 유화적인 문화 통치를 표방하였다. 그러나 일제는 기만적인 문화 통치를 실시하여 우리 민족의 독립운동을 탄압하는 동시에 각종 친일 단체를 조직하여 이간질을 통해 우리 민족을 분열시키려하였다.

1930년대에 이르러 일제는 만주 사변(1931년)에 이어 중·일 전쟁(1937년)을 일으켜 본격적으로 대륙 침략 전쟁을 벌렸다. 이때가 일제의 탄압과 수탈이 가장 극심했던 시기였다. 일제는 한반도를 대륙 침략의 '병참 기지'로 만들려는 정책을 펼쳤다. 이는 전쟁에 필요한 물자와 노동력을 모두 우리나라로부터 동원하려는 속셈이었다. 우리 민족은 일제의 대륙 침략 전쟁의 도구로 전락됨에 따라 엄청난 고통과 수난을 겪어야만 했다.

일제는 쌀, 콩 등의 식량뿐만 아니라 각종 지하자원까지 무제한으로 약탈해 갔다. 또한, 침략 전쟁이 점차 확대된 1938년에는 국가 총동원령을 내려 남자들을 강제로 전쟁에 동원했다. 이어 지원병 제도를 실시하여 군대에 강제로 끌고 갔고, 조선어교육을 폐지하고 일본어를 사용하도록 하였다. 또한 일제는 1939년 징용제를 실시하여 탄광이나 비행장 건설 공사장 등지에서 노역을 시키거나 징병제로 남자들을 강제로 전쟁터로 끌고 갔다. 심지어 1943년에는 학도병제를 실시하여 학생들까지 침략 전쟁의 희생양으로 삼았다. 여기에 젊은 여자들을 강제로 끌고 가서 무기를 만드는 공장에서 일하게 하거나 일부는 전쟁터로 끌고 가 일본군의 성노예인 일본군 위안부로 삼기도 했다. 일본군 '위안부' 문제는 현재까지도 당시 끌려갔던 증인들의 생생한 증언이 남아있지만 일본은 여전히 이를 부정하고 있다.

뿐만 아니라 일제는 한민족의 정체성을 말살하기 위해 1940년에는 한국인의 이름을 버리고 일본식 이름으로 창씨 개명을 강요하였다. 일제는 한국말 사용금지, 신사참배 강요, 창씨 개명 등 민족 말살 정책을 통해 한국인의 정체성과 민족 의식을 없애고 일본의 황국신민으로 만들고자 했다.

나라를 빼앗긴 우리 민족은 일제의 억압과 수탈 속에서 너무도 힘든 고난의 세월을 견뎌야 했지만, 그 속에서도 희망을 잃지 않고 자주독립을 꿈꾸고 독립운동을 펼쳐나갔다.

창씨 개명
성씨를 만들고 이름을 바꾸는 것을 의미한다.

조선 여자 정신 근로대

신사참배 강요

서울 남산의 조선 신궁
일제가 한국 식민 지배의 상징으로 서울의 남산 중턱에 세운 것으로, 신궁(神宮)이라는 지위를 가진 신사(神社)였다. 1920년 서울 남산에 착공을 시작하여 1925년에 완공된 뒤부터 일제는 이곳에서 신사참배할 것을 강요하기 시작했다. 광복 이후에 조선 신궁은 자진 철거됐다.

'일본군 위안부'[일본군 성노예]

일제는 1944년 여자정신대 근로령을 만들어 배우자가 없는 12세부터 40세까지의 여성을 강제로 동원했다. 이 여성들은 일본과 한반도의 군수 공장에서 노동하며 혹사당하기도 했고, 일부는 중국과 동남아시아의 전쟁터로 끌려가 일본군 상대의 군위안부가 되어 비참한 생활을 하기도 했다. 당시 위안부로 끌려갔다가 살아남은 사람들의 증언을

위안부로 희생된 여성들

들어보면 강제로 끌려가는 사람도 있었고, 반대로 애국 봉사대나 일본에 가서 공부를 시켜준다는 거짓말로 속여 데려가기도 했다고 한다. 당시 일제의 악랄함을 엿볼 수 있다. 이처럼 위안부 문제는 일본 정부의 공권력에 의한 조직적인 동원이었지만 지금까지도 일본은 정부 차원의 공식적인 사과를 하지 않고 있다. 이는 제2차 세계 대전 당시 저지른 범죄 행위를 인정하고 사죄한 독일 정부의 행보와 매우 대비되어 더욱 우리 국민을 분노케 하고 있다.

3. 일제, 경제적 수탈을 일삼다

일제의 경제 침탈은 우리나라가 식민지가 되기 이전부터 있어 왔다. 강화도 조약이라는 불평등 조약이 맺어진 이후 일제는 우리나라로부터 철도 부설권, 광산 채굴권, 연해 어업권 등 각종 이권들을 빼앗아 갔다. 그리고 자신들의 의도대로 만든 조약을 통해 양곡을 일본 본토로 헐값에 가져갔다. 이러한 쌀 유출로 인해 국내에서 식량 부족 사태를 겪자 우리나라 일부 지역의 지방관들은 급기야 방곡령(1889년)을 선포하여 일본으로의 쌀 유출을 막고자 한 적도 있다.

방곡령
곡물 유출을 금지한 명령을 의미한다. 함경도와 황해도에서 시행되었다.

당시 조선과 일본이 맺은 조약에 따르면 조선 정부는 방곡령을 실시하기 1개월 전에 이를 일본 통상 담당자에게 미리 알리도록 되어 있었다. 그런데 일본은 자신들이 통고를 늦게 받았다는 억지를 부리며 이 때문에 일본 상인들이 피해를 입었다 하여, 조선 정부에게 막대한 양의 배상금을 지불하라고 요구했다. 이에 힘이 없는 정부는 배상금을 지불하고 방곡령을 철회할 수밖에 없었다.

방곡령 선포 근거

만약 조선국에 가뭄, 수해, 병란 등이 있어 국내 양곡의 부족을 우려하여 조선 정부가 잠정적으로 양곡의 수출을 금지하고자 할 때에는 반드시 1개월 전에 지방관이 일본 영사관에 통고해야 한다. 그러한 때는 그 시기를 미리 항구의 일본 상인에게 두루 알려 그대로 지키게 해야 한다.

-조일 통상 장정 제37조(개정, 1883년)-

백동화(5전)
갑오개혁 때부터 사용됐고, 대한 제국때 대량으로 만들어졌다. 가치는 당시 엽전의 25개에 해당한다고 한다.

이후로도 일본의 경제적 침략은 점점 심해졌다. 화폐 정리 사업(1905년)을 한다며 일본 제일은행권 화폐를 법정화폐로 정하여 대한 제국의 화폐를 일본의 화폐 제도에 흡수 및 통합하려고 했다. 하지만 이 과정에서 우리나라 화폐의 가치를 제대로 인정해 주지 않아 피해를 보는 이들이 많았다. 뿐만 아니라 경제적 어려움에 빠진 회사가 일본인의 손에 넘어가기도 했다.

이어 일제는 한·일 병합 조약을 통해 우리나라를 자신들의 식민지로 만든 뒤부터 본격적으로 경제적 수탈을 시작했다. 이제 우리 국민은 먹고 살기가 더욱 어려워지게 되었다.

일제는 1910년부터 토지 조사 사업을 벌이기 시작해 1918년 끝냈다. 겉으로는 근대적 토지 소유 제도를 확립하겠다는 명분이었지만 실제로는 한국인 소유의 토지를 약탈하고, 세금을 안정적으로 거둬들여서 식

구 백동화(白銅貨) 무효에 관한 고시(1909. 11. 1)
일본이 대한 제국에서 발행한 백동화를 무효로 하고 일본 제일 은행에서 발행한 화폐를 사용하라는 고시를 발표하였다.

일본 제일 은행권 화폐(10원)
화폐 정리 사업으로 일제에 의해 새로 발행된 화폐이다.

민지 통치에 필요한 재정을 확보하기 위한 목적이었다. 그리고 약탈한 토지를 한국으로 이주하는 일본인들에게 싼 값으로 팔아 한국 지배를 공고히 하려는 속셈이었다.

토지 조사 사업의 요점은 조선인 토지 소유자가 조선총독부가 정한 기한 내에 소유한 토지를 신고해야 한다는 것이었다. 하지만 신고 기일이 짧았고, 관련 제출 서류가 매우 복잡했다. 여기에 일제의 침략에 반감을 품고 있는 많은 사람이 신고하기를 꺼렸다.

그러나 신고를 하지 않으면 토지를 총독부에 빼앗기는 것이었기 때문에, 토지 조사 사업으로 인해 많은 한국 농민은 소작농으로 전락했고 소작료도 크게 높아져 점점 어려운 생활을 할 수밖에 없었다.

일제는 한국인으로부터 약탈한 토지를 동양 척식 주식회사에 넘기거나, 일본인들에게 헐값으로 되팔아 대토지를 소유한 일본인 대지주들이 점점 늘어났다. 몰락한 한국 농민들은 만주, 연해주 등 해외로 이주하거나 산속으로 들어가 화전민이 되기도 했다.

일제는 한국인의 기업 설립과 성장을 억압하기 위해 1910년에 회사령을 공포했다. 회사령은 회사의 설립을 조선 총독의 허가제로 하고, 허가 조건을 어겼을 경우엔 총독이 그 회사를 해산하는 것이었다. 이는 한국인의 회사 설립을 통제하여 민족 자본의 성장을 막으려는 의도였다. 그 결과 전기·철도·광산 등 주요 산업의 대부분이 일본인에게 넘어갔다.

토지 측량 사업을 하는 모습

1920년대 들어서는 반대로 일본 자본의 한국 침투를 쉽게하기 위해 회사령을 철폐했다. 그 결과 일본의 회사들은 한국의 풍부한 자원과 값싼 노동력을 바탕으로 많은 이익을 올렸다. 반면, 경쟁에서 밀린 한국인 회사들은 몰락할 수밖에 없었다.

일제는 본토에서 쌀이 부족하여 식량 문제가 심각해지자 이를 해결하기 위해 1920년부터 산미 증식 계획을 실시하였다. 이 계획은 15년 동안 쌀 생산량을 증가시켜 연간 920만 석의 쌀을 생산하고 이중 700만 석은 일본으로 가져간다는 것이다. 하지만 무리한 증식 계획은 오히려 조선의 식량 사정을 악화시켰다. 우리 민족은 먹을 것이 없어 만주에서 수입한 잡곡으로 연명해야 했다. 쌀 생산량을 증대시키는데 드는 각

동양 척식 주식회사 부산 지점
현재는 부산 근대 역사관으로 쓰이고 있다.

동양 척식 주식회사 목포 지점
1908년 일제가 대한 제국의 토지와 자원을 수탈할 목적으로 설치한 식민지 착취 기관이다. 때문에 한국인들은 일제와 동양 척식 주식회사를 상대로 소작 쟁의를 벌이며 투쟁하기도 했고, 나석주 의사는 1926년 동양 척식 주식회사에 폭탄을 투척하는 의거를 벌이기도 했다.

회사령의 주요 내용

제1조 회사의 설립은 조선 총독의 허가를 받아야 한다.

제2조 회사가 본령 혹은 본령에 근거하여 발한 명령 및 허가 조건에 위반하거나 공공질서 혹은 선량한 풍속에 반하는 행위를 했을 때는 조선 총독은 사업의 정지, 금지, 지점의 폐쇄 또는 회사의 해산을 명할 수 있다.

제12조 제1조의 허가를 받지 않고 회사의 설립행위를 한 자는 5년 이하의 징역 또는 금고, 5천원 이하의 벌금에 처하고, 부실신고를 하여 허가받은 자도 이와 같다.

종 비용을 우리 농민들에게 떠넘겨 농민층
이 몰락하기도 했다. 산미 증식 계획은 1차
5개년 계획(1920~1925년)과 2차 10개년 계획
(1926~1934년)으로 실시되다가 1934년에 중
단됐다. 그 이유는 조선 쌀의 지나친 수출
로 일본 농업이 타격을 받아 일본의 농민들
이 반대하였기 때문이다. 이후 1940년 다시
군량미 수탈을 위해 제3차 산미 증식 계획이
실시되었다.

공출미 강요 전단(독립기념관)

1930년대 들어 일제가 본격적으로 침략 전쟁을 전개하기 시작하면서
부터 더욱 많은 수탈을 하였다. 일제는 식량 수탈을 더욱 강화하였을 뿐
만 아니라 가축 증식 계획까지 추진하였다.

무기 생산에 필요한 금속을 확보하기 위해 공출을 실시하여 밥그릇,
제사용기, 학교의 종이나 절의 종 등 각종 쇠붙이를 빼앗아가기도 했다.
또한 한국인들을 강제로 끌고 가 탄광·광산·군수공장 등에서 노예처럼
혹사시켰다. 한국인 노동자들은 1945년 일제의 식민지에서 광복을 되찾
을 때까지 끔찍한 고난의 세월을 견뎌내야만 했다.

강제 징용된 한국인이 노역에
강제 동원된 모습
당시 백 만 명 이상의 한국인
이 강제 징용에 끌려가 노예처
럼 혹사당했다. 이들은 공사장
에서 군대식으로 편성되어 엄
격한 군대식 규율로 통제됐다.
이들 가운데 많은 사람이 공사
가 끝난 후에 일본군의 기밀을
지킨다는 이유로 무더기로 학
살을 당하기도 했다.

강제 징용

1930년대 후반 들어 우리 국민들은 일제에 의해 가장 참혹한 고난을 겪어야 했다. 중국 대륙으로 침략전쟁을 확대시킨 일제는 1938년 국가총동원법을 시행하며 전쟁에 필요한 인적자원을 강제로 동원하고 군수물자를 최대한 확보하기 위해 우리나라로부터 각종 자원과 물자를 대량으로 빼앗아 갔다. 먼저 한국의 청년들을 지원병 형태로 침략 전쟁에 동원하기 위해 일제는 1938년 2월 육군 특별 지원병령을 시행했다. 이에 따라 육군 지원병 훈련소가 설치되고 이들 훈련소에는 강제 동원된 청년들의 훈련이 실시됐다.

1941년 미국과의 태평양 전쟁이 시작되고 나서는 해군 특별 지원병령도 시행하여 더욱 많은 청년들을 전쟁터에 끌고 갔다. 심지어 1943년에는 학도병제를 실시하여 약 4,500여 명의 학생들까지도 전쟁에 동원했다. 학도지원병제는 겉으로는 자의에 의한 지원이라 했으나 총독부는 해당 학교에 대해 갖은 수법으로 독려하도록 강요하여 인원을 채우도록 했다. 이때까지만 해도 육군과 해군의 지원자는 많았지만 실제로 일본군에 채용되어 전쟁에 끌려가는 지원병은 약 2만 3천여 명이었다.

하지만 1944년 일제가 징병제를 실시하고 나서부터는 무차별적으로 한국의 청년들을 전쟁터에 강제로 동원했다. 징병제가 실시됨에 따라 20세 이상의 남성이면 누구든지 강제로 병사로 끌고 갈 수 있게 됐고, 20만여 명이 넘는 한국의 청년들이 전쟁터로 끌려가서 일제가 벌이는 전쟁의 총알받이가 될 수밖에 없었다.

전쟁터 뿐만 아니라 수많은 한국인을 탄광이나 철도 건설, 군수 공장 등에 강제로 끌고 가 가혹한 노동을 강요하기도 했는데, 일제는 이를 위해 1939년 국민 징용령을 제정했다. 이러한 징용제는 우리나라 사람들의 저항을 고려하여 처음에는 모집 형식의 강제동원이 실시됐지만, 이후에는 점차 강력하게 진행됐다. 징용령이 내려지면서 강제 동원된 100만여 명의 우리 국민들은 노예처럼 가혹한 노동을 견뎌내야만 했다. 이를 견디지 못한 수많은 사람이 죽음에 이르기도 했다.

한국인 강제 징용자들

공출로 모은 금속기들

4. 일제 강점기 생활 모습, 어떻게 달라졌나?

일제 강점기에 새로운 도시들이 생겨났고 도시 인구도 빠르게 늘어났다. 도시 거리에는 버스·자동차 등이 왕래하고 전등과 가로등은 도시의 밤을 바꿔놓았다. 관공서·학교·상점·은행·백화점 등이 세워지기 시작하면서 점차 도시의 모습을 갖추어 갔다. 그러나 이러한 근대 시설을 갖추어도 사람들의 생활은 나아지지 않았다. 일제 강점기에 '경성(京城)'이라 불리던 서울에서 한국인들과 일본인들은 서로 지역을 달리하여 살았다. 지금의 청계천 남쪽은 일본인 거리, 청계천 북쪽은 한국인 거리로 나누어졌다.

남산 한양 공원 표석(서울 중구)
1908년 건설된 공원으로 현재 남산3호터널 부근에 조성되었으나 터널 공사로 인해 옮긴 것이다.

일본인들이 모여 사는 남촌에는 근대 시설과 상권이 집중됐다. 이곳에는 일본 신사, 일본 사찰, 일본 공원 등 일본의 종교와 문화를 상징하는 건물과 함께 각종 관공서들이 들어섰다. 반면에 한국인들은 일본인의 거주지와 공간적으로 분리된 지역에서 살았다. 이들 지역은 근대 문명

서울 남대문 부근의 모습
(1930년대)

빈민들이 살던 토막집

토막집
땅을 파고 위에 거적 등을 얹고 흙을 덮어 추위와 비바람만 간신히 피하도록 지은 임시 거처이다.

의 외곽 지대이자 정치와 경제의 주변부로 전락했다. 이처럼 경성은 도시로서 발전했지만 근대 문명 시설은 일본인 거주 지역에 집중됐고 이에 따라 일본인 거주지와 조선인 거주지가 점차 분리되어 갔다.

도시의 서민들은 여전히 가난했고 초가집이나 구식 기와집에 사는 사람이 대부분이었다. 도시 변두리나 산기슭, 강가 등지에 토막집을 짓고 사는 사람들도 적지 않았다. 농촌에서 소작지를 잃고 생계가 막연해진 농민들은 먹고 살기 위해 농촌에서 대도시로 이주하여 노동자가 됐고 가난하게 살 수밖

혼마치(일본인 거리)의 모습, 현재 명동

에 없었다. 이들은 궁핍한 생활을 하며 집 없이 여기저기 떠돌아다니는 신세가 되기도 했다.

일제는 만주 지배에 이어 1937년 중일 전쟁을 일으켜 침략 전쟁을 확대했다. 일제는 전쟁 물자를 조달하기 위해 국가 총동원령을 내리고 노동력, 물자, 자금, 시설 등

몸뻬(1940년대)

국민복(1940년대)

을 통제하였다. 또 한국인에게 특정 옷차림을 강요했다. 여자들은 몸뻬 바지를 입도록 했고 남자들은 제복 형태의 카키색 국민복을 입도록 했다. 이러한 특정 옷차림의 강요는 우리의 전통적 의복 문화를 훼손했다.

일제 강점기에는 식생활에서도 큰 변화가 나타났다. 1910년 이후 과자·빵·케이크·카스테라·비프스테이크·수프·아이스크림 등 서양 음식이 본격적으로 소개됐다. 그러나 이러한 서양 음식은 주로 도시의 상류층들이 즐겼다. 대다수 한국인의 식량 사정은 더욱 열악해져만 갔다. 이에 서민들은 잡곡밥·조밥·수수밥 등을 먹거나 심지어는 소나무 속껍질로 만든 송기떡을 비롯하여 콩깻묵, 밀기울, 술찌기 등을 먹으며 하루하루를 연명했다.

이처럼 일제 강점기 근대화의 이중적인 모습은 당시 일본인과 한국인에 대한 민족 차별을 보여주기도 한다. 또한 우리 민족이 일제의 탄압과 수탈로 인해 많은 고통을 겪었다는 사실을 단적으로 알려준다.

02

3·1 운동이 일어나고, 대한민국 임시 정부가 수립되다

대한민국 임시 정부 요인들(1921년)

1921년 1월 1일에 임시 정부와 임시 의정원의 요인들이 신년 축하로 기념 촬영을 했다. 임시 정부의 중요 인물들은 둘째 줄에 앉아 있다. 왼쪽에서 여섯 번째가 이동휘, 일곱 번째가 이승만, 열한 번째가 안창호이다. 앞줄 왼쪽에서 세 번째 앉아 있는 사람이 김구이다.

1. 3·1 운동, 우리 민족의 독립 의지를 전 세계에 알리다

1910년 한·일 병합 조약으로 일제는 우리나라를 자신들의 식민지로 만들고 군대와 경찰력 등 무력을 동원하여 철저히 억압하고 탄압했다. 이에 하루하루 힘든 생활을 견뎌 나가야 했고 일본에 대한 반일 감정은 날로 커져만 갔다. 국내에서는 자주독립을 위한 움직임이 생겨났고, 각종 비밀 단체들이 여러 형태의 독립운동을 벌였다. 그러나 독립 의지가 커질수록 일제의 탄압은 더욱 심해졌다. 독립운동을 펼치는 이들을 가차없이 체포하여 처벌하거나 고문하고 옥에 가두었다.

이처럼 일제의 탄압으로 국내에서의 독립운동이 점점 위축될 즈음에, 국외에서도 조국의 독립을 위해 많은 사람들이 다방면으로 노력하고 있었다. 이들은 주로 국제 사회에 우리나라가 자주독립 국가라는 사실과 한국인의 독립 의지를 널리 알리는데 주력하였다.

중국 상하이에서 활동하던 신한청년당은 1919년 1월 제1차 세계대전의 전후 처리와 세계 평화를 목적으로 열린 파리 강화 회의에 김규식을 대표로 파견하여 독립을 주장하기도 했다. 또한 만주에서 활동하던 독립운동가들은 1918년 무오 독립 선언서를 발표하며 조국의 독립과 일제에 대한 무력 항쟁 의지를 널리 알렸다.

일본에 거주하는 한국인 유학생들도 독립운동을 위해 발 벗고 나섰다. 이들은 조국 독립을 위한 실천 운동을 벌이기로 결심하고 1919년 2월 8일 일본 도쿄에서 약 600여 명이 모여 독립 선언서를 발표하였는데, 이를 2·8 독립 선언서라고 한다. 이들이 일본의 수도 도쿄 한복판에서 독립 선언서를 발표한 것은 매우 의미있는 일이었다.

이 무렵 고종 황제가 1919년 승하했다. 갑작스런 고종 황제의 죽음에 일제에 의해 독살됐다는 소문이 나돌아 일제에 대한 적개심이 높아져 가고 있었다. 이와 같은 국내외 분위기 속에서 민족 지도자들은 거족적인 독립운동을 벌일 계획을 비밀리에 추진했다. 이에 종교계 지도자들

무오 독립 선언서
1918년 만주 지역에서 활약하던 여준, 김교헌, 조소앙, 김좌진 등의 독립운동가들이 여러 지도자와 함께 총 39명의 공동 명의로 무오 독립 선언서(대한 독립 선언서)를 발표하며 우리나라의 독립에 대한 의지를 밝혔다.

승하
임금이나 존귀한 사람이 세상을 떠남을 높여 이르는 말이다.

독살
치명적인 독을 이용하여 살해하려는 것을 의미한다.

을 중심으로 한 민족 대표 33인은 고종의 장례식이 열리기 이틀 전인 3월 1일에 서울 탑골 공원(3·1 공원)에서 독립 선언서를 발표하며 독립운동을 벌이기로 결정했다.

드디어 운명의 날인 1919년 3월 1일 서울 탑골 공원에는 독립에 대한 열망으로 가득찼다. 학생과 시민 수천 명은 탑골 공원에 모여 민족 대표가 오길 기다렸다. 하지만 민족 대표들은 탑골 공원에서 거사를 치를 경우 폭력 사태가 벌어질 것을 염려하여 태화관이라는 음식점으로 장소를 옮겨 독립 선언식을 거행하였다. 이들은 "대한 독립 만세"를 외치며 만세 삼창을 한 후에 일본 경찰에 체포됐다.

하지만 이것은 실패가 아니었다. 탑골 공원에 모여 있던 시민들과 학생들은 이 소식을 전해 듣고 3·1 독립 선언서를 전해 받아 공원 내 팔각정 위에서 낭독했다. 시위대는 태극기를 흔들며 "대한 독립 만세", "왜놈은 물러가라" 등을 외치면서 시가 행진을 벌였다. 서울에서 시작된 독립 만세 운동은 전국 각지로 퍼져 평양·안주·의주·원산·수원·전주·광주·대구·부산 등 전국의 여러 도시에서도 만세 운동이 일어났다.

시위는 도시에 이어 농촌 지역으로까지 퍼져 나갔다. 전국에서 200

한국 유림 독립운동 파리 장서비(서울 중구)
1919년 유림들이 파리 강화 회의에 한국의 독립을 호소하는 서한의 작성을 기념하는 비석이다.

2.8 독립 선언을 한 한국인 유학생

여 만명에 달하는 많은 사람
이 참가했다. 이는 우리 민족
의 독립 의지와 열망이 얼마
나 큰지 보여준 것이다.

고종 장례 행렬(1919년 3월 3일)

3·1 운동은 비폭력의 평화
적인 만세 운동으로 시작됐
다. 그러나 일제는 경찰과 군
인을 동원하여 시위대에게
총·칼로 무자비하게 탄압했
다. 화성 제암리에서는 일본
군이 교회에 마을 사람들을 몰아넣고 밖에서 문을 잠근 후 불을 질렀다.
빠져나오려는 이들에게 총을 무차별적으로 쏴 수십여 명을 학살하였다.

이러한 학살 만행 사건이 일제의 은폐로 알려지지 않은 채 묻힐뻔 했
는데, 캐나다인 선교사 스코필드가 불에 탄 시신들을 수습하고 사진을
찍어 공개하는 바람에 전 세계에 폭로되었다. 이처럼 3·1 운동에 대한
일제의 탄압으로 7,500여 명이 살해당했고, 4만 6천여 명이 체포되었다.

손병희 동상(탑골 공원, 서울 종로)
손병희(1861년~1922년)는 천도교 제3대 교주를 지냈으며,
민족대표 33인으로 3·1운동을 주도하였다.

태화관 터(서울 종로)
3·1운동 당시 민족 대표들이 독립 선언식을 거행한 곳으로 탑골 공원과 가깝다.

3·1 운동의 대표적인 인물인 유관순은 학생 신분으로 3·1 운동에 가
담하여 서울에서 만세 운동에 참여했다. 하지만 일제는 학생들이 만세
운동에 참가하지 못하도록 중학교 이상의 모든 학교에 강제로 휴교령을

탑골 공원 팔각정(서울 종로)
3·1 운동이 처음 일어난 곳으로, 이곳에서 참가자들이 독립 선언서를 낭독하고 만세시위를 시작했다.

폐허화된 제암리

제암리 순국기념관(경기 화성)

내리고 학교 문을 닫도록 했다.

그러자 유관순은 고향인 천안 병천으로 내려가 장터에 모인 3,000여 명의 군중에게 태극기를 나누어주며 시위를 이끌었다. 1919년 4월 1일 유관순은 병천 시장에서 수 천명이 참여한 만세 시위에 앞장섰는데, 이것이 바로 '아우내 독립 만세 운동'이다. 시위 과정에서 부모님이 모두 일본군에 의해 죽임을 당했으나 그는 끝까지 일본군에 대항하여 싸웠다. 결국 일본군에 의해 체포되어 끔찍한 고문을 당하면서도 애국심을 잃지 않았던 유관순은 불과 18살의 꽃다운 나이에 서대문 형무소에서 순국하고 말았다.

유관순
유관순이 일제에 체포되어 수감자 카드에 수록된 사진
이다.

국내에서 시작된 3·1 운동은 국외로 퍼져나갔다. 한국인이 많이 거주하는 만주·연해주·미국 그리고 일본에서도 만세 운동이 일어났다.

3·1 운동은 한국인의 독립 의지를 전 세계에 알리는 큰 사건이었다. 그 결과 일제가 3·1 운동 과정에서 우리 민족을 무자비하게 탄압한 사실이 전 세계로 폭로됐고, 일본을 향해 각국의 비난이 쏟아졌다. 이에 일제는 어쩔 수 없이 지금까지의 무단 통치를 대신하여 이른바 문화 통치를 표방했다.

우리 민족의 3·1 운동은 이후 중국과 인도 등의 민족 운동에도 많은 영향을 주었다. 중국은 3·1 운동을 세계 혁명사에 있어서 신기원을 열었다고 찬사를 보냈다. "조선은 독립을 도모함에 있어 독립이 아니면 차라리 죽

아우내 독립 만세 운동 기념 공원 동상(충남 천안)

용정 3·13 반일 의사릉(중국 룽징)
3·1 만세를 벌이다가 죽임을 당한 의사들의 무덤이다.

필라델피아 시가 행진(미국)

음을 달라고 했다."라고 하며 우리 민족의 독립 의지를 높이 평가했다. 3·1 운동은 인도에서 일어난 국민 회의파의 비폭력 독립운동에도 영향을 주었다. 게다가 인도의 대표적 시인인 타고르는 3·1운동 10주년째인 1929년 '동방의 등불'이라는 시를 지어 칭송하였다.

이처럼 3·1 운동은 일제의 탄압과 무력을 동원한 억압통치에 저항하며 민족 독립을 위해 일으킨 거국적 만세 운동이었다. 우리 민족은 3·1 운동을 통해 독립에

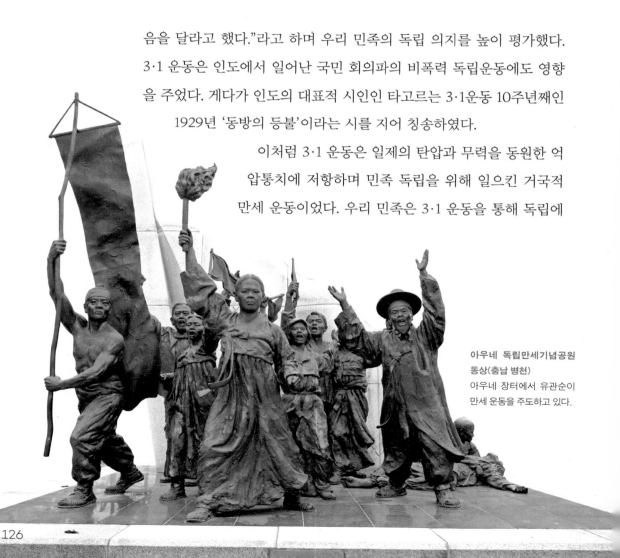

아우네 독립만세기념공원 동상(충남 병천)
아우네 장터에서 유관순이 만세 운동을 주도하고 있다.

대한 의지와 열망을 전 세계에 널리 알렸으며, 자주독립에 대한 희망과 자신감을 민족 전체에 불어 넣어주었다.

3·1 운동 이후 많은 청년이 중국의 만주와 소련의 연해주 등지로 건너가 독립운동 단체에 합류했다. 이는 일제에 대항하는 무장 독립 전쟁을 활발히 전개할 수 있도록 하는 계기가 됐다.

일제의 무자비한 탄압에 의해 비록 민족의 독립이라는 목표는 이루지 못했지만, 3·1 운동은 우리 민족의 독립운동사에 길이 남을 큰 사건이었다. 특히, 3·1 운동을 계기로 우리 민족은 대한민국 임시 정부를 수립함으로써 대한 제국이 사라진 이후 존재하지 않았던 정부를 회복하고 계승하게 됐다.

더 알아보기

동방의 등불

일찍이 아시아의 황금시대에 빛나는 등불의 하나였던 한국, 그 등불을 다시 한 번 켜지는 날에 너는 동방의 밝은 빛이 되리라.

서울 구서대문 형무소(서울 서대문)
1908년 경성감옥으로 문을 연 이래 1923년 서대문형무소가 되었다. 일제 강점기 유관순·김구·안창호·여운형 등 많은 독립운동가가 옥고를 치렀다.

2. 대한민국 임시 정부, 독립운동의 구심체가 되다

3·1 운동 이후 민족 지도자들은 중추적 역할을 담당할 임시 정부를 수립하려고 노력했다. 일제의 탄압에 조직적으로 저항하며 민족의 독립운동을 펼치기 위해서는 이를 이끌어줄 정부의 존재가 필요했기 때문이다. 당시 우리 민족은 1910년 일제에 의해 한·일 병합이 이루어짐에 따라 정부가 존재하지 않은 채 일제의 식민지배를 받고 있었다.

1919년 무렵 정부의 형태를 갖추고 활동하던 조직에는 국내에서 수립된 한성 정부, 연해주에서 수립되어 정부의 형태를 갖추게 된 대한 국민 의회, 그리고 상하이에서 수립된 대한민국 임시 정부가 있었다. 각지에서 개별적으로 활동하던 임시 정부의 지도자들은 이들 정부를 통합하여 단일 정부를 수립하려는 움직임을 보였다.

그런데 통합된 단일 정부를 어느 곳에 둘 것인가에 대해 논란이 생겨났다. 임시 정부를 상하이나 연해주 등 해외에 둘 수 없다며 국내에 단일 정부를 세울 것을 주장하는 사람도 있었고, 해외에 있어야만 일제의 탄압을 벗어나 독립운동을 효과적으로 펼칠 수 있다고 주장하는 이들도

상하이 임시 정부 내부(중국 상하이, 모형)

참 한국사 이야기

있었다.

이에 민족 지도자들은 국내에 있던 한성 정부의 법통을 계승하되, 단일 임시 정부의 소재지는 상하이에 두기로 합의했다. 그리고 대통령에 이승만, 국무총리에 이동휘를 선출했다. 이러한 합의를 바탕으로 1919년 9월 통합된 대한민국 임시 정부가 탄생하였다. '대한민국(大韓民國)'이라는 나라의 이름도 바로 이때부터 정식으로 사용했다.

사실 '대한(大韓)'이라는 나라 이름은 대한 제국 때부터 사용했지만, 대한민국이 의미하는 것은 그 이상이었다. 이는 국민의 나라, 즉 국민이 나라의 주인으로 직접 정치에 참여하는 민주 공화제의 정부를 의미한다. 쉽게 이야기하면 조선 왕조처럼 왕이 나라를 다스리는 것이 아닌, 나라의 주인인 국민이 자신들의 대표를 직접 뽑아 국민을 위한 정치를 하는 지금의 민주공화국인 대한민국과 같은 형태의 정부를 의미한다.

임시 정부 조직표

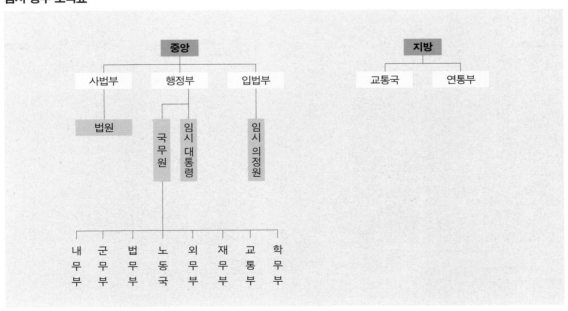

이처럼 대한민국 임시 정부는 현재 우리 대한민국의 역사적 정통성으로 계승되어온 우리나라 최초의 민주공화 정부였다. 또한 대한민국 임시 정부는 입법 기관인 임시 의정원, 행정 기관인 국무원, 사법 기관인 법원을 두어 오늘날의 입법부, 행정부, 사법부처럼 삼권 분립에 기초한 민주주의 정부 형태를 갖추었다.

그리고 헌장에 민주주의, 평등의 이념을 제시하고 있으며 교육, 납세, 병역의 의무 등을 명시하고 있다. 이는 오늘날까지도 이어지는 민주주의 국가의 헌법의 주요 근간이다.

통합된 대한민국 임시 정부는 국내외에서 펼쳐지고 있는 민족의 독립 운동을 보다 더 조직적이고 효과적으로 추진하는 중심 기관의 역할을 담당했다. 그리하여 임시 정부는 군사와 외교의 업무를 주요 활동 목표로 설정했다. 이를 위해 임시 정부는 연통부와 교통국을 정비하여 상하이의 임시 정부와 국내외를 연결하는 비밀 행정 조직망을 만들어 운영했다.

이를 통해 국내외의 소식을 교환하고 군자금을 전달하거나 정부의 명령, 문서 등을 국내외로 빠르게 전파하도록 했다. 또한 만주의 이륭양행,

삼권 분립
입법, 사법, 행정의 권한을 분리하여 나라를 운영함에 있어 권력이 어느 한 쪽에 치우치지 않고 균형을 이루도록 하는 것을 의미한다.

이륭양행
만주 안동에 있던 이륭양행은 아일랜드인 쇼가 운영하던 것으로, 국내의 정보를 수집하고 군자금을 전달하는 일을 했다.

백산상회
백산 안희제가 부산에 설립한 회사로 국내외 독립운동 단체의 연락처 역할을 하며 군자금을 전달하기도 했다.

백산기념관(부산)
백산상회가 있던 곳이다.

대한민국 임시 정부 서울 연통부 터(서울 중구)

참 한국사 이야기

부산의 백산상회 등을 통해 군자금을 조달했고, 무장 투쟁을 위한 군사력을 키우기 위해 육군 무관 학교를 세워 독립 전쟁을 이끌어갈 지휘관을 키웠다.

임시 정부는 외교 활동에도 노력을 기울였다. 김규식을 임시 정부의 대표로 파리 강화 회의에 참석시켜 한국의 실상과 독립의 필요성을 각국 대표에게

파리 강화 회의에 참석한 임시 정부 대표단

알리고 파리 위원부를 두었다. 또한 대통령인 이승만은 미국에 구미위원부를 설치하고 미국 정부를 상대로 대한민국 임시 정부를 승인받으려는 활동을 펼치는 한편, 한국의 독립 문제를 세계에 알리기 위해 힘썼다.

임시 정부의 이러한 노력에도 불구하고 연통부와 교통국 조직 등 국

구미위원부
대한민국 임시 정부가 미국과의 외교 업무를 수행하기 위해 미국 워싱턴에 설치한 외교 담당 기구이다.

대한민국 임시 정부 청사(중국 상하이)
처음의 상하이 임시 정부 청사

대한민국 임시 정부 청사(중국 상하이)

내 비밀 행정 조직망이 일제의 탄압에 의해 와해되고 국내와의 연결망이 끊어졌다. 이로 인해 자금난과 인력난이 심해지면서 임시 정부의 활동은 큰 어려움을 겪었다.

한편, 임시 정부의 지도자들 간에도 갈등이 나타났다. 이들은 민족 독립이라는 목표에는 의견을 같이 했지만, 그 목표를 이루는 방법에는 서로 생각을 달리했다. 다른 나라와의 활발한 외교 활동을 통해 대한민국 독립에 대한 지지를 호소하는 것이 중요하다고 주장하는 사람이 있는가 하면, 우리 힘으로 군사력을 키워 일제에 대한 무장 투쟁과 독립 전쟁을 벌려 자주독립을 이뤄야 한다고 주장하는 이들도 있었다. 여기에 외교 활동이나 무장 투쟁이 아닌 먼저 국민 계몽과 실력 양성을 하며 장차 독립할 수 있는 기반을 마련해야 한다고 주장하는 사람도 있었다. 이처럼 생각이 다른 사람들 간에 갈등이 점점 심해지면서 한때는 대한민국 임시 정부가 해체될 위기에 처하기도 했었다.

항저우 대한민국 임시 정부 청사(중국 항저우)
상하이 임시 정부 청사가 1932년 항저우로 이전했다.

참 한국사 이야기

이후 임시 정부는 일제의 탄압을 피해 상하이를 벗어나 중국 대륙 서부지역인 충칭(重慶)에 정착할 때까지 10여 년을 중국의 각 지역을 떠돌며 독립 활동해야만 했다. 이러한 어려운 상황 속에서도 임시 정부는 무장투쟁을 위한 군사 계획을 수립하는 한편, 대립하던 여러 세력을 통합하려 애쓰는 등 독립운동의 중심 역할을 했다.

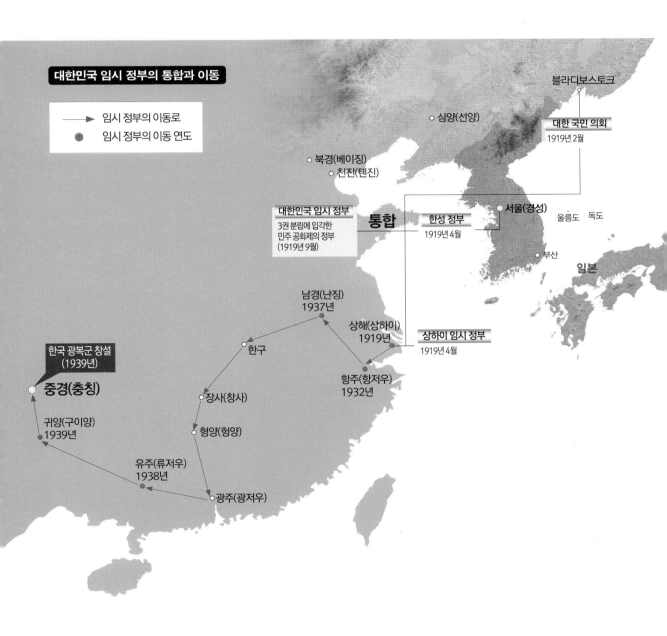

대한민국 임시 정부의 통합과 이동

→ 임시 정부의 이동로
● 임시 정부의 이동 연도

블라디보스토크

심양(선양)

대한 국민 의회
1919년 2월

북경(베이징)
천진(톈진)

서울(경성)

울릉도 독도

대한민국 임시 정부
3권 분립에 입각한
민주 공화제의 정부
(1919년 9월)

통합

한성 정부
1919년 4월

부산

일본

남경(난징)
1937년

상해(상하이)
1919년

상하이 임시 정부
1919년 4월

한구

한국 광복군 창설
(1939년)

중경(충칭)

항주(항저우)
1932년

장사(창사)

귀양(구이양)
1939년

형양(헝양)

유주(류저우)
1938년

광주(광저우)

03

국내외
무장 독립 전쟁을
전개하다

한국 광복군 총사령부

1. 봉오동과 청산리에서 일본군을 격파하다

3·1 운동은 일제의 식민 지배와 수탈에 저항하여 일어난 비폭력 운동으로 평화적인 만세 시위를 했다. 하지만 일제는 이를 무자비하게 탄압했고, 평화적인 방법으로는 일제를 몰아낼 수 없다는 것을 깨달았다. 우리 민족도 일본처럼 군사력을 키워서 무장 투쟁과 일본과의 독립 전쟁을 준비해야만 한다고 생각하기 시작했다.

이에 따라 간도와 연해주 등 국외에서 우리 동포들이 비교적 많이 살고 있는 곳을 거점으로 하여 독립운동 기지를 세우고 일제에 대항하여 무장 투쟁과 독립 전쟁을 본격적으로 벌이기로 했다. 이러한 독립운동 기지를 중심으로 체계적이고 조직적인 군사 훈련을 실시하고 무관 학교

신흥 무관 학교 100주년 기념 우표

삼의사 묘(서울 용산 효창공원)
좌로부터 이봉창 · 윤봉길 · 백정기 의사의 묘. 왼쪽의 첫 번째 묘는 비석이 없는데 여순에서 순국하신 안중근 의사를 묻기 위한 가묘이다. 아직 안중근 의사의 유해를 찾지 못하고 있다.

이회영(설립자)

김동삼(백서농장주)

등을 세워 독립 전쟁을 위한 군인들을 길렀다.

3·1 운동 이후 국내의 많은 청년들이 압록강과 두만강을 건너 국외 독립군 기지에 합류했고, 신민회에서 설립했던 신흥 강습소(후에 신흥 무관 학교)를 중심으로 독립 전쟁에 참가하려는 청년이 모여들었다. 그리고 신흥 무관 학교에서 양성된 군인들은 이후 여러 곳에서 독립군으로 큰 활약을 했다.

이처럼 3·1 운동 이후 우리 민족 사이에서는 독립에 대한 희망과 자신감이 퍼져나갔다. 그리하여 독립군 기지가 늘어났고 아울러 여러 곳에서 독립군 부대가 편성되어 일본군을 상대로 전투를 벌였다. 그 중에서도 홍범도 장군의 대한 독립군과 김좌진 장군의 북로 군정서군은 일본군을 상대로 대승을 거두며 독립군의 사기를 드높였다.

1919년에 본격적으로 활약한 대한독립군은 여러 곳에서 일본군을 기습 공격하여 성과를 거두었다. 1920년에는 주변의 다른 독립군 부대와 연합하여 1,200여 명에 이르는 큰 규모의 군부대가 될 수 있었다. 이처럼 독립군 부대의 규모가 점점 커지자, 일본군은 이를 눈엣가시처럼 여겼다. 더구나 일본군이 한국 독립군에 계속해서 패하면서 국경 일대에

더 알아보기

홍범도(1868년~1943년)
1895년 을미 의병 당시부터 의병 활동을 벌이던 홍범도는 1908년 국내에서의 의병 활동이 힘들어지자 국외에서 독립을 위한 무장 투쟁을 벌이기도 했다. 3·1 운동을 독립 전쟁을 위한 절호의 기회로 여긴 홍범도는 대한 독립군을 조직하여 일본군과의 전투에서 대승을 거두었다.

김좌진(1889년~1930년)
김좌진 장군은 많은 재산과 노비를 소유한 부잣집에서 태어났다. 하지만 어렸을 적부터 약한 자를 보면 자신의 것을 내어주면서 돕는 착한 성격을 가지고 있었다. 또한 집안의 가장이 되면서는 집안에 있는 노비들을 모두 풀어주고 땅문서를 내어주기까지 했다고 한다. 개화 사상과 신학문 교육에 뜻을 가지고 있던 김좌진 장군은 호명학교를 세워 국민 계몽을 위해 힘쓰기도 했다. 1910년 우리나라가 일제의 식민지가 된 이후에는 항일 독립 투쟁을 벌이기로 결심하면서 대한 광복회에 가입하여 군자금 모집 등 조국 독립을 위해 노력했고, 이후 1919년에는 북로 군정서군의 총사령관이 되어 청산리 대첩의 승리를 이끌었다.

대한 식민 통치가 어려워졌다. 이에 일본
군은 한국 독립군을 없애기 위해 군사 작
전을 펼쳤다.

봉오동 전적지(중국 도문)
현재는 저수지가 생겨 물에 잠겼다.

　대규모의 일본군 부대가 한국 독립군의
본거지인 만주 길림성 왕청의 봉오동 입
구로 진입해 왔다. 하지만 이를 미리 알
고 있던 홍범도의 대한 독립군은 동쪽,
서쪽, 북쪽 3방면에서 매복하고 있다가
일본군을 포위하여 맹렬히 사격을 가했
다. 결국 일본군은 대한 독립군의 포위망에 걸려 수많은 사상자를 내고
후퇴할 수밖에 없었다. 반면 우리 독립군의 사상자는 거의 없었다. 대한
독립군은 후퇴하던 일본군을 추격하여 또 다시 큰 타격을 주었고 일본
군은 참패하여 쫓겨갔다(봉오동 전투. 1920년). 이 전투는 독립군의 무장 투
쟁에서 거둔 첫 번째 큰 승리로 우리 민족에게 큰 감동과 희망을 주었으
며, 국내외에서 활동하고 있던 독립운동 단체들의 사기를 드높였다.

　봉오동 전투에서 참패한 일본군은 한국 독립군에 대한 보복 작전을
세웠다. 일제는 한국 독립군을 토벌하기 위해서는 대규모의 군대를 보
내야 한다고 생각했다. 하지만 당시 우리 독립군은 주로 만주와 연해주
에서 활동했기 때문에, 일본은 외국 영토안으로 자신들의 대규모 부대
를 출동시킬 구실이 필요했다. 일제는 이러한 구실을 만들기 위해 장작
림이라는 중국인 마적단을 매수하여 중국 훈춘 주재 일본 영사관을 공
격하도록 하는 자작극을 벌였다(훈춘 사건. 1920년).

　일제는 영사관에 있는 자국민들을 보호한다는 구실로 간도 지방으로
대규모 부대를 출동시켰다. 이에 한국 독립군은 중국 당국으로부터 일본
군 대병력의 공격이 있을 것이라는 소식을 전해 듣고, 새로운 기지를 찾
아 이동하려고 준비했다. 대다수의 독립군 부대들은 근거지를 떠나 백두
산 부근으로 이동하여 험준한 산악 지대에 새로운 기지를 마련하고 일본
군과의 결전에 대비했다.

마침내 한국 독립군과 일본군은 1920년 10월 청산리 백운평 계곡의 전투를 시작으로 6일 간 10여 차례의 격렬한 전투를 치렀다(청산리 대첩). 한국 독립군은 일본군에 비해 병력과 무기면에서 열세였기 때문에 여러 부대가 연합하여 전투를 벌였다. 곧 김좌진이 이끄는 북로 군정서군과 홍범도의 대한 독립군, 그리고 대한국민회군·신민단·의민단 등이 연합부대를 형성했다. 이때 김좌진의 북로 군정서군 등의 독립군 연합 부대는 지형적 이점을 이용해 일본군에 연이어 승리했다. 곧 일본군이 청산리 골짜기로 들어오자 독립군을 백운평 일대에 매복시키고 기다렸다. 일본군이 매복 지점 바로 앞까지 다가오자 일제히 사격을 가하여 일본군에게 큰 타격을 주었다.

이후에도 김좌진 부대는 홍범도 부대와 연합하여 일본군을 상대로 큰 승리를 거두었다. 당시 1,600여 명의 한국 독립군은 5,000여 명이 넘는 일본군과 싸워 승리했는데, 이때 일본군 지휘관을 포함한 300여 명을 사살했다. 한국 독립군에 패배한 일본군은 후퇴할 수밖에 없었다. 이로써 6일 동안 계속된 청산리 대첩은 한국 독립군의 승리로 끝났다.

한국 독립군이 일본군과 비교해 그 수가 매우 적었고, 화력면에서도

청산리 전투에서 승리한 북로 군정서군
청산리 전투에서 승리한 후에 찍은 기념 사진으로 앞줄에 앉아있는 사람이 김좌진이다.

간도(間島) 동포들의 한국독립군에 대한 헌신적 지원

교전은 아침부터 저녁까지 계속됐다. 굶주림! 그러나 이를 의식할 시간도 먹을 시간도 없었다. 마을 아낙네들이 치마폭에 밥을 싸 가지고 빗발치는 총알 사이로 산에 올라와 한 덩이 두 덩이 동지들 입에 넣어 주었다. 이 얼마나 성스러운 사랑이며, 고귀한 선물이랴! 그 사랑 갚으리, 우리의 뜨거운 피로! 기어코 보답하리, 이 목숨 다하도록! 우리는 이 산과 저 산으로 모든 것을 잊은 채 뛰고 달렸다.

－이범석, 〈우등불〉에서 청산리 대첩의 모습을 묘사한 글－

열세였음에도 불구하고 대승을 거둘 수 있었던 이유는 주변 지형을 이용한 매복 작전 등 뛰어난 군사적 전략과 지휘관의 작전 지휘 능력 및 구성원들의 애국심이 높았기 때문이었다. 또한 이 지역에 거주하는 우리 동포들이 독립군에게 일본군에 대한 정보를 제공하고 식량 등의 물자를 제공하고 전쟁터에서도 자신의 몸을 아끼지 않았다. 이처럼 청산리 대첩의 승리는 단순히 독립군의 승리가 아니라 민족 전체의 승리였다.

김좌진 순국지 동상(중국 흑룡강성 해림)

청산리 항일 대첩 기념비(중국 길림성 길림)

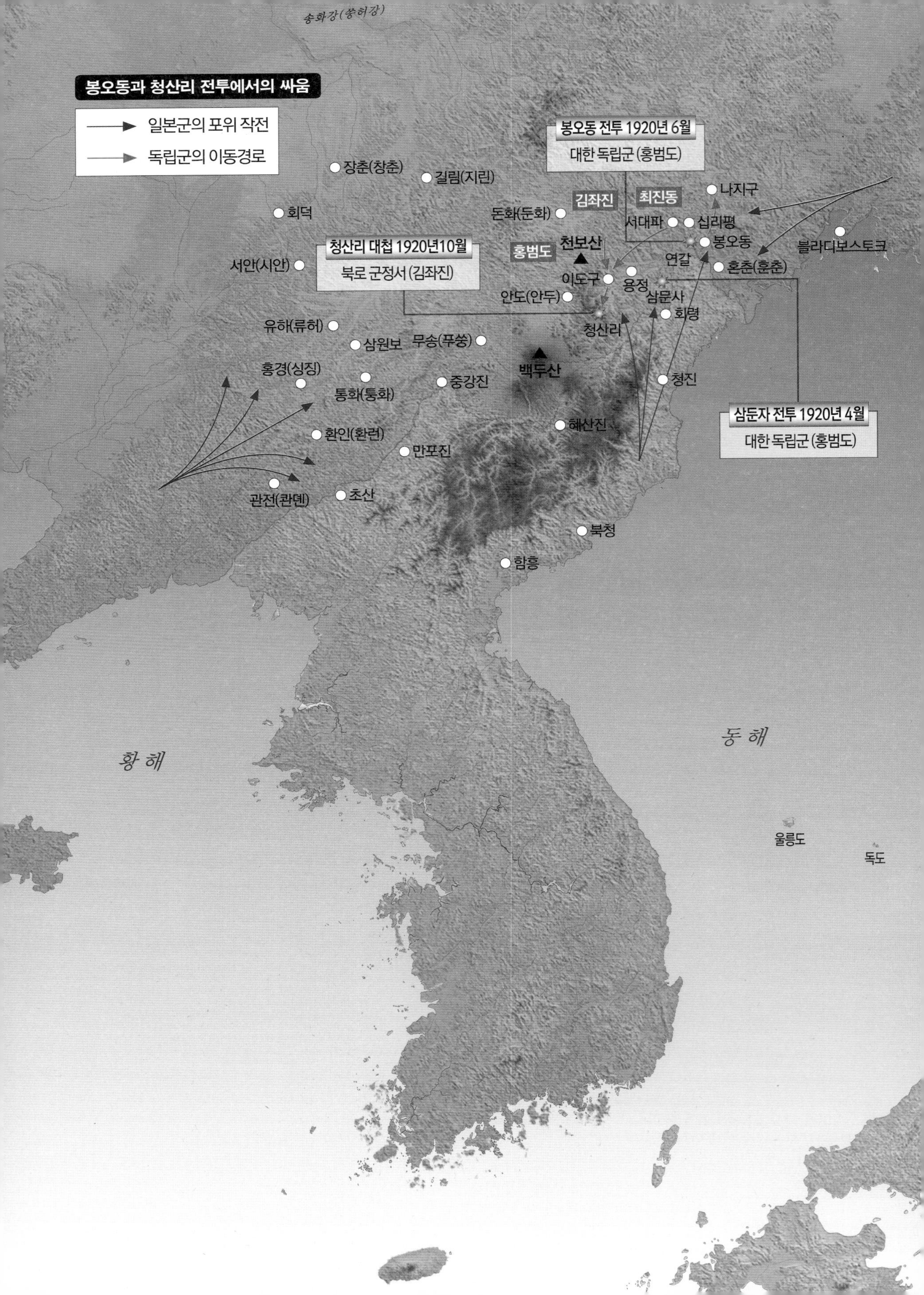

송화강(쑹허강)

봉오동과 청산리 전투에서의 싸움

→ 일본군의 포위 작전
→ 독립군의 이동경로

봉오동 전투 1920년 6월
대한 독립군 (홍범도)

장춘(창춘)　　길림(지린)

회덕

서안(시안)

청산리 대첩 1920년10월
북로 군정서 (김좌진)

유하(류허)

홍경(싱징)　삼원보　무송(푸쑹)

통화(퉁화)

환인(환런)　　중강진

관전(콴뎬)　초산

만포진

돈화(둔화)

김좌진　　최진동

나자구

서대파　십리평

홍범도　천보산

이도구　용정　봉오동

안도(안두)　삼문사　혼춘(훈춘)

청산리　회령

연갈

블라디보스토크

삼둔자 전투 1920년 4월
대한 독립군 (홍범도)

백두산

청진

해산진

북청

함흥

동 해

황 해

울릉도

독도

2. 의열단과 한인 애국단, 의거에 앞장서다

애국심은 '나라를 사랑하는 마음'이다. 일제 강점기 조국의 독립을 위해 노력했던 독립운동가들은 이러한 애국심이 투철한 사람들이었다. 그 중에서는 자신의 목숨을 바쳐 나라를 위해 독립운동을 벌이는 사람들도 많았다. 이들은 안중근 의사나 유관순 열사처럼 자신을 희생시켜 일제에 저항하여 우리의 독립 의지를 알리려고 했다. 의열단과 한인 애국단에 소속된 인물들이 그러했다.

김상옥 동상(서울 종로 마로니아 공원)

의열단은 1919년 11월 만주 길림에서 김원봉을 단장으로 하여 "천하의 정의를 맹렬히 실천한다"라는 의미로 탄생하였다. 우선 1920년 박재혁은 부산경찰서에 폭탄을 던졌으며 이어 최수봉은 밀양경찰서에 폭탄을 던졌다. 1921년 9월에는 의열단원인 김익상이 남산에 있었던 조선총독부 청사에 전기기술자로 변장을 해 들어가 폭탄을 던져 건물을 파괴하였다. 한편 1923년에는 김상옥이 종로경찰서에 폭탄을 던지고 일제 경찰과 싸우다 그들을 사상시킨 후 자결하였다. 1926년에는 나석주가 일제의 경제 약탈 기구인 동양 척식 주식회사와 식산은행에 폭탄을 던지고 일본경찰과 대치하다가 7명을 죽인 후 자결하였다. 의열단은 활동은 국외에서도 이어져 상하이 황푸탄에서 오성륜과 김익상이 일본 육군 대장을 권총으로 암살하려고 시도하였으나 실패하였다.

의열단의 단장이었던 김원봉은 신채호에게 의열단의 혁명 선언을 만들어 달라고 부탁하였고, 신채호는 1923년 「조선혁명선언」을 작성해 주었다. 여기에는 일부 독립운동가들이 주장하는 이교론과 준비론 및 실력 양성론을 부정하였다. 김원봉과 의열단은 1926년 총회를 개최하고 암살과 파괴보다는 정치 단체로 발전하여 독립 투쟁을 할 간부들을 훈련하는 것으로 합의하였다. 그리하여 이들은 1926년 황푸군관학교에 입교하여 체계적인 교육을 받았다.

1930년대 들어 일제의 감시와 탄압이 심해졌고, 대한민국 임시 정부는 자금과 인력 부족을 겪게 되면서 큰 위기에 놓였다. 일제가 만주까지

이봉창(1901년~1932년)
일본에서 생활하며 일본인 이름을 가지고 있던 이봉창 의사는 세월이 지나면서 안중근 의사의 의거에 큰 감명을 받게 됐다. 자신도 조국의 독립을 위해 목숨을 바치기로 결심한 이봉창 의사는 상하이로 건너가 임시 정부의 김구를 만나 의거를 계획했다. 그는 결심과 의지를 굳히기 위해 안중근 의사의 동생 집으로 가 태극기 앞에서 수류탄을 들고 의거를 벌이기로 맹세했다. 그리고 도쿄로 돌아가 궁성에 들어가는 길이던 일본 왕에게 폭탄을 던졌다.

의거
정의를 위하여 개인이나 집단이 의로운 일을 도모하는 것을 말한다.

침략해오면서 독립군들의 활동은 더욱 어려워졌고 독립운동가들의 사기도 크게 위축된 상황이었다.

이에 대한민국 임시 정부의 국무령이던 김구는 어려운 상황을 극복하기 위한 방안을 고민하고 있었다. 김구는 상하이에서 한인 애국단이라는 비밀 조직을 만들고 우리 민족에게 새로운 희망과 용기를 불어넣을 방안을 실행에 옮기기로 했다.

한인 애국단의 선봉적인 활동은 이봉창의 의거였다. 이봉창은 상하이의 임시 정부에서 김구를 만난 뒤 한인 애국단에 가입하고 김구 앞에서 수류탄을 든 채 선서문을 낭독했다. 나라의 독립을 위해 기꺼이 자신의 목숨을 바칠 것을 결심하였다.

일본 도쿄로 건너간 이봉창은 우리나라 침략의 원흉인 일본 국왕을 없애기로 했다. 1932년 1월 8일, 마침내 그 기회가 찾아왔고, 이봉창 의사는 망설임 없이 일본 국왕이 탄 마차를 향해 폭탄을 던졌다. 하지만 불행하게도 의거는 실패로 돌아갔고, 이봉창은 일본군에게 붙잡혀 사형 선고를 받고 같은해 10월 감옥에서 순국했다. 하지만 이봉창 의사의 용기 있는 행동과 독립 정신은 전 세계를 놀라게 하기에 충분했다. 그의 의거는 일본의 만주 침략에 분노하던 중국인들에게도 큰 감동을 주었고, 중국의 신문 또한 그의 의거가 실패로 돌아간 것을 안타까워 했다.

한인 애국단의 활동은 여기서 멈추지 않았다. 이번에는 윤봉길이 자신의 목숨을 바쳐 의거를 결심했다. 그는 "대장부가 뜻을 이루기 전에는 살아서 돌아오지 않는다."는 말을 남기고 집을 떠나 중국의 상하이로 갔다. 그는 그곳에서 김구를 만나 태극기 앞에서 조국의 독립을 위해 의거를 벌일 것을 선서하고, 중국과 우리나라를 침략하는 일본군 총사령관을 비롯한 여러 고위급 장교를 없애기로 했다.

1932년 4월 29일, 거사일이 되자 윤봉길은 상하이의 홍커우 공원(지금의 루쉰 공원)으로 향했다. 홍커우 공원에서 일본이 일왕의 생일축하 기념 및 상해사변의 승리를 축하하는 기념식이 열릴 예정이었으므로 일본군의 높은 사람들이 많이 참석하는 자리였다. 물통과 도시락으로 위장된 폭탄을 가슴에 품고 있던 윤봉길은 기념식 단상에 모인 일본 요인들을 향해 폭탄을 던졌다. 폭탄이 터져 일본군 사령관인 시라카와(白川義則)를 비롯한 다수의 일본 고관과 장교들이 죽거나 크게 다쳤다.

거사 직전의 김구와 윤봉길
19세의 젊은 나이부터 농촌 계몽 운동에 뛰어들었던 윤봉길은 야학당을 개설하여 한글 교육 등 문맹 퇴치와 민족의식 고취에도 심혈을 기울였다. 하지만 계몽 운동만으로는 독립을 이룰 수 없다고 생각한 윤봉길은 김구를 만나 한인 애국단에 가입하여 홍커우 공원 의거를 계획했다. 의거 후 체포된 뒤 사형선고를 받을 때도 윤봉길은 기개를 잃지 않고 당당했다. 윤봉길의 의거는 널리 알려져 중국의 한인 독립운동 지원과 임시 정부의 활성화 등 이후 독립 운동에도 큰 영향을 주었다.

충의사(충남 예산)
윤봉길을 모신 사당이다.

상해 윤봉길 기념관(중국 상하이)
오늘날 루쉰 공원 안에 있다.

윤봉길(1908년~1932년)

윤봉길 의거 직후 홍커우 공원

윤봉길은 그 자리에서 체포되어 일본의 오사카로 이송, 군법 회의에서 사형선고를 받은 후 총살형을 당했다. 윤봉길 의사는 이렇게 순국했지만, 그의 의거는 국내외의 우리 민족에게 큰 감동을 주었으며 용기와 희망을 불어넣어 주었다.

당시 중국의 지도자 장제스는 "중국의 백만 대군도 하지 못한 일을 한국의 한 청년이 해내었다." 라며 극찬할 정도로 그의 의거는 대단한 일이었다. 이를 계기로 중국 정부는 대한민국 임시 정부와 한국 독립군의 활동을 인정하고 적극 지원하는 계기가 되었다.

결과적으로 이봉창 의사와 윤봉길 의사의 의거는 당시 침체되어 가던 우리 민족의 독립운동에 새로운 활력을 불어넣어 주었다. 그리고 해체될 위기에 놓여있던 대한민국 임시 정부가 독립운동의 구심체로 되살아나는 밑거름이 됐다. 이처럼 한인 애국단의 이봉창·윤봉길은 자신의 목숨보다 조국의 독립이 더 중요하다고 생각했던 것이다.

한편, 의열단이나 한인 애국단에 소속되지 않고 개별적으로 의거 활동을 벌인 경우도 적지 않았다. 노인회 일원인 강우규는 1919년 9월 새로 부임하는 사이토 총독에 수류탄을 던졌다. 이어 조명하는 타이완에서 1928년 일왕의 장인인 육군 대장을 칼로 찌르기도 하였다.

3. 독립군, 시련 속에서 조직을 재편하다

1) 간도 참변

봉오동 전투에 이어 청산리 대첩의 연이은 승리로 기뻐할 사이도 없이 참혹한 사건이 벌어졌다. 독립군을 대대적으로 토벌하기 위해 간도

간도 참변의 실상

지역으로 출동한 일본군이 이곳에 사는 한인 마을을 습격하여 수많은
동포를 무차별적으로 학살하고 민가나 학교, 교회 등을 불태우는 만행
을 저질렀다. 이 사건을 간도 참변 또는 경신년(1920년)에 일어났다 하여
경신 참변이라고 한다.

　일제는 간도 지역에서 독립군이 활동 할 수 없도록 독립군을 후원하
던 간도 지역의 우리 동포들을 무참히 학살하고 마을을 초토화 했다. 일
제의 이러한 만행은 청산리 대첩을 전후한 1920년 10월에 시작되어 이
듬해 4월까지 계속됐다.

　일본군의 만행으로 1920년 10월부터 11월 사이에만 많은 동포가 학살
됐다. 이후 몇 개월 간 계속된 일본군의 학살에 희생당한 한국인의 수는
이보다 훨씬 더 많았다. 이처럼 간도 참변은 일제의 잔인함을 여실히 보
여주는 사건이었으며, 일제 강점기 우리 민족의 가장 비극적인 사건 중
하나였다. 이때부터 우리 독립군들의 시련은 더욱 커졌다.

2) 자유시 참변

봉오동 전투와 청산리 대첩에서 크게 패한 일본군은 만주 지역의 독

경신 참변(1920년)
'경신 참변'이라는 말은 1920
년이 경신년이어서 붙여진 이
름이다.

양세봉(1894-1934)

립군 기지에 대한 대대적인 공격을 벌였다. 일본군의 강력한 군사력을 견뎌낼 수 없었던 한국 독립군은 보다 더 안전한 장소를 찾아 여기저기 쫓겨 다녔다. 간도에서 북쪽으로 이동하던 독립군들은 3,500여 명의 독립군을 대한독립군단 이라는 하나의 부대로 통합했다.

통합된 독립군 부대는 연해주로 이동했다가 지금의 러시아에 해당하는 소련 영토의 아무르주 제야강 중류 연안의 도시인 스보보드니(알렉세옙스크, 자유시)에 집결했다. 하지만 그곳에서도 독립군은 소련 내부의 전쟁에 휘말려 많은 사람이 목숨을 잃는 사건이 발생했다. 이를 자유시 참변이라고 한다.

자유시 참변(1920년)
자유시는 러시아 제야 강변에 위치한 알렉세옙스크라는 마을이며, 러시아 혁명(1917년)이후 '자유로움'이라는 뜻의 스보보드니로 바뀌었는데 한국인은 이를 의역하여 '자유시'로 불렀다. 제야강이 흘러 흑룡강과 합류하는 지점에 있는 중국의 국경도시 흑하(黑河)의 지명을 따서 '흑하 사변'이라고도 한다.

3) 3부 결성과 한·중 연합 작전

소련에서 온갖 시련을 겪으면서도 살아남은 독립군들은 다시 만주로 돌아왔다. 이곳에서 3부를 결성하는 등 독립군을 재정비하며 다시 한번 조국의 독립을 위해 일어설 것을 다짐했다.

한편, 만주에 다시 자리를 잡게 된 독립군은 1930년대부터 중국과 연합 작전을 펼쳤다. 윤봉길 의거를 계기로 중국 정부는 한국 독립군의 활약상을 긍정적으로 평가하여 함께 일본에 대항하여 싸우자며 한국 독립군을 지원하였다. 이후로 한국 독립군은 중국군과 연합 작전을 펼쳐 일본군에 저항하며 많은 전과를 올렸다.

당시 한국 독립군을 이끌었던 지청천은 북만주 일대에서 중국 호로군과 연합 작전을 펼쳐 일본군에 큰 승리를 거두었다. 북만주 일대에서 지청천의 한국 독립군은 중국 호로군과 연합하여 쌍성보 전투, 사도하자 전투, 대전자령 전투, 동경성 전투 등에서 일본군에 큰 승리를 거두었다. 또한 남만주 지역에서는 총사령관 양세봉이 이끄는 조선 혁명군이 중국 의용군과 연합 작전을 펼쳐 흥경성 전투, 영릉가 전투 등에서 일본군을 물리치고 많은 군수 물자와 무기를 획득했다.

4) 3부 통합 운동

자유시 참변 이후 만주로 온 독립군과 그곳에서 활동하던 독립군들은 조직을 재정비하면서 1922년 서간도에 대한통의부를 두었다. 대한통의부는 이념과 노선 차이로 참의부와 정의부로 분리되었다. 참의부는 집안현을 중심으로 압록강 대안 지역을 관할 구역으로 정의부는 길림과 하얼빈을 비롯하여 남만주 지역을 활동 대상으로 하였다. 한편 북만주 지역에는 1925년 대한 독립군단과 대한 독립 군정서를 통일 운동이 일어나 신민부가 창립하였다. 이렇듯 참의부, 정의부, 신민부가 성립됨으로써 만주 지역의 독립운동 세력이 정비되었다.

1920년대 이후 전 민족이 대동단결하여 이를 중심으로 독립운동을 전개하자는 민족 유일당 운동이 일어나 만주에 있던 3부도 통합하여 국민부가 설립되었다. 국민부는 결국 1934년 조선 혁명군에 흡수되어 해체되었다.

1931년 만주 사변을 일으킨 일제는 이듬해에 괴뢰 정권인 만주국을 수립하였다. 당시 주로 남만주를 중심으로 한 조선 혁명군과 북만주를 중심으로 한 한국 독립군이 있었다. 또한 중국 공산당은 일제에 대항하기 위해 항일유격대의 선봉인 한인들로 하여금 1933년 동북 인민 혁명군을 창립하고 이는 다시 1936년 동북 항일 연군으로 재편성되어 항일 운동을 적극 전개하였는데 여기에는 한인들이 많이 활동하였다.

5) 한국 광복군의 활약

1937년 중국과 일본 간에 본격적인 전쟁 (중·일 전쟁)이 벌어지기 시작한 이후로 한국 독립군의 대부분은 대한민국 임시 정부의 요청에 따라 중국 본토로 이동했다. 중국 정부의 지원을 받고 있던 임시 정부는 중국 본토인 충칭(重慶)에 정부 청사를 마련하고 새로운 군사 계획을 세웠다.

이청천(지청천)(1888년~1957년)

배재학당과 한국 무관 학교를 거쳐 일본에서 육군사관학교를 졸업, 근대적인 군사 지식을 습득한 군사 전문가였다. 1919년 만주로 망명하여 이름을 지청천으로 개명한 뒤, 신흥 무관 학교 간부로 활동하던 그는 1920년 대한민국 임시정부 산하 서로 군정서군의 간부로도 임명되었고 북로군 정서군의 김좌진 장군과 함께 독립전쟁에서 활약하였다.

이후 자유시 참변이라는 독립군의 모진 시련을 함께 겪은 지청천은 1930년대 한국 독립군의 총사령관이자 한중 연합군의 총참모장으로서 대전자령 전투 등에서 일본군에게 큰 승리를 거두기도 하였다. 1940년 대한민국 임시 정부의 한국 광복군 창설에 참여하고 총사령관을 맡아 명실공히 한국 광복군을 대표하게 되었다.

한국 광복군의 훈련 모습

임시 정부는 독립군을 연합하여 새로운 부대인 '한국 광복군'을 창설했다. 한국 광복군에는 여러 지역에 흩어져 있었던 독립군들이 대거 합류하여 그 규모와 군사력이 더욱 커졌다.

한국 광복군은 미국과 일본 간의 태평양 전쟁이 벌어진 직후부터 연합군에 편성되어 활약했다. 또한 영국과 군사 협정을 맺고 연합군의 일원으로 미얀마와 인도 전선에 파견되어 전투에 참가하는 활약을 보였다.

한국 광복군은 국내로 진입하여 일본군을 몰아내려는 국내 진공 작전을 세웠다. 이들은 미국의 도움으로 부대원들에게 특수 훈련을 실시하며, 국내로 진입할 만반의 준비를 갖추었다. 하지만 태평양 전쟁에서 패한 일제가 1945년 8월 15일 예상보다 빨리 항복함에 따라 한국 광복군의 국내 진공작전은 시도해 보지도 못하고 무산되었다. 실제로 임시 정부의 주석이던 김구는 일본의 항복으로 조국의 광복이 이루어졌음에도 한국 광복군의 이러한 노력이 실현되지 못하고 무산된 것을 매우 안타까워했다.

독립군은 승리를 거둔 적도 있었지만, 견뎌내기 힘든 크나큰 시련을 겪을 때도 많았다. 하지만 그때마다 포기하지 않고 다시 일어선 독립군은 마침내 꿈에 그리던 조국 광복의 그날을 맞이할 수 있게 되었다.

이러한 독립군들의 노력이 없었다면 아마 독립을 이루지 못했거나, 더욱 늦춰졌을 것이다. 우리는 조국을 위해 자신의 목숨을 걸고 일제에 대항하여 활동한 독립군들의 용기를 잊지 말아야 한다.

더 알아보기

한국 광복군 서약문

1. 조국의 광복을 위하여 헌신하고 일체를 희생하겠음

2. 대한민국의 건국 강령을 절실히 따라 행동하겠음

3. 임시 정부를 적극 옹호하고 법령을 절대 지키겠음

4. 광복군 공약과 기율을 엄수하고 장관 명령에 절대 복종하겠음

5. 건국 강령과 지도 정신에 위배되는 선전이나 정치 조직을 군내외 행하지 않겠음

인도로 파견된 한국 광복군
영국군으로 배속되어 인도 방
면에 파견된 한국 광복군

광복군 제2지대 표지석 기념 공원(중국 시안)
광복군 제2지대는 1942년 개편된 광복군 3개 지대중 가장 많은 병력을 보유한 주력부대로서 치열한 항일독립투쟁을 벌였다. 특히 1945년에는
미국정보기관(OSS)과 연계해 각종 훈련도 전개했다.

04

사회·경제적 민족 운동을 전개하다

신간회 창립 대회(1927년)

광주 학생 항일 운동 기념탑(광주)

1. 6·10 만세 운동과 광주 학생 항일 운동이 일어나다

1) 6·10 만세 운동

해외에서의 독립운동은 1922년을 고비로 하여 일제의 강력한 정책으로 부진하게 되었다. 대한민국 임시 정부의 활동도 위축되었고, 국내에서 전개된 실력 양성운동도 부진한 상태가 되었다.

이러한 국내·외의 분위기속에서 대한 제국의 마지막 황제였던 순종이 창덕궁에서 1926년 4월 25일 승하하였다. 이에 사회주의 계열의 지도자들과 학생들은 각각 독립 만세 시위 운동을 준비했다. 이들은 3·1 운동 때처럼 순종의 장례일을 거사일로 정하고 다시 한 번 거국적인 만세 운동을 펼치기로 한 것이다.

사회주의계 지도자들은 독립운동을 추진하기 위해 격문을 작성하고 시민들을 동원할 것을 계획하는 등 비밀리에 준비를 갖추었다. 하지만 일제는 3·1 운동과 같은 독립 만세 시위가 발생할 것을 우려하여 서울에 비상 경계령을 내리고 일본군과

순종 황제 국장

더 알아보기

6 · 10 만세 운동의 격고문

우리는 벌써 민족과 국제 평화를 위하여 1919년 3월 1일 우리의 독립을 선언했다.

우리는 역사적 국수주의를 반복하려는 것은 아니다. 우리의 항구적 국권과 자유를 회복하려 함에 있다.

우리는 결코 일본 전민족에 대한 적대가 아니요 다만 강도(强盜) 일본 제국주의의 야만적 통치로부터 탈퇴코자 함에 있다.

우리의 독립 요구는 실로 정의의 결정으로 평화의 실현인 것이다.

형제여, 자매여! 속히 나와서 일본 제국주의와 싸우자! 그리하여 완전한 독립을 회복하자!

경찰들을 서울의 요소요소에 배치하여 삼엄한 경계를 펼쳤으며, 시위를 주도할 민족 지도자들을 사전에 검거하여 감옥에 가두었다. 이 과정에서 시위를 준비하던 사회주의계 지도자 대부분이 일본군과 경찰에게 붙잡혀 계획은 좌절되었다. 그러나 일제는 학생들이 준비하던 독립 만세 운동은 사전에 미처 파악하지 못하고 있었다. 학생들은 1926년 6월 10일 순종의 장례 행렬이 서울의 거리를 지나갈 때, 일제의 삼엄한 경계에도 불구하고 격문을 뿌리며 시위를 감행했다. 이에 시민들이 합세하면서 만세 시위 운동을 전개했는데, 이를 6·10 만세 운동(1926년)이라고 한다.

6·10 만세 운동을 계기로 학생들 사이에선 일제에 저항하고자 하는 움직임이 점점 커지기 시작했고, 이들은 비밀 결사 조직을 만들어 활동했다. 또한 우리나라에 대한 차별과 식민지 교육 철폐를 요구하며 학생들이 우리말을 배울 수 있도록 허락할 것과 한국인 교사에게 배울 수 있도록 하는 것 등을 주장했다.

이처럼 학생들은 공부만 하는 것이 아니라 조국을 위해 항일 민족 운동을 펼치기도 했다. 학생들은 3·1 운동 때처럼 6·10 만세 운동 때에도 독립운동의 주체가 됐던것이다.

6.10 만세 운동 기념비(서울 종로)
중앙고등학교에 있다.

참 한국사 이야기

2) 광주 학생 항일 운동

학생들의 독립운동은 6·10 만세 운동에 이어 또 다시 일어났다. 1929년 광주에서 우리나라 여학생이 통학 열차 안에서 일본인 학생에게 희롱당하는 사건이 발생했다. 이에 우리나라 학생들과 일본 학생들 사이에 싸움이 일어나게 됐는데, 일본 경찰들이 일방적으로 일본 학생의 편만 들고 싸움과 관련된 한국인 학생들을 체포했다. 이에 그동안 억눌려왔던 한국 학생들이 대규모로 시위를 하였다. 이를 광주 학생 항일 운동(1929년)이라고 한다.

광주 지역의 학생들이 일제의 식민지 탄압에 반대하며 시위를 벌이기 시작했고, 이에 일제는 경찰력을 동원하여 비상경계를 하며 광주 시내의 학교에 강제로 휴교령을 내렸다. 그리고 시위를 벌이던 한국 학생들을 시위의 주동자로 몰아 구속했다.

이에 분노한 학생들은 더욱 격렬한 시위를 벌였고, 이러한 소식은 서울뿐만 아니라 전국 각지에 전해져 시위는 전국적으로 확대됐다. 이와 같은 학생들의 시위는 이듬해 3월까지 전국에서 펼쳐지며 194개 학교의 학생 5만 여 명이 참가했고, 구속된 학생수는 무려 1,700여 명에 이르렀다. 이처럼 광주 학생 항일 운동은 3·1 운동 이후 가장 큰 규모의 민족 운동으로 발전했다.

**광주 학생 항일 운동 기념관
(광주 서구)**
사진은 광주 학생 항일 운동에
참가한 사람들이다.

광주 학생 독립운동 기념탑(전남 광주)
광주 학생 항일 운동을 주도한 광주공립고등보통학교 자리에 있다.

6·10 만세 운동과 광주 학생 항일 운동은 점점 침체되어 가던 독립운동에 새로운 활력을 불어넣었다. 그 주역이 자라나는 학생들이었다는 점에서 큰 의미가 있다.

2. 민족 실력 양성 운동과 민족 유일당 운동을 전개하다.

1) 물산 장려 운동이 일어나다

일제 강점기에는 다양한 방법으로 나라의 독립을 위해 애쓰는 사람들이 많았다. 3·1 운동과 같은 만세 시위를 벌이거나 독립군처럼 일제에 대항하여 무장 투쟁을 했다. 또한 대한민국 임시 정부와 같이 독립운동 단체를 만들어 노력하는 사람들도 있었다.

그리고 민족의 경제적, 교육적 능력을 키움으로써 독립을 이루려 노력하는 사람들도 있었다. 이들은 우리나라의 근대적 발전과 경제·교육·문화 방면의 실력을 키우기 위해 여러 방면에서 민족 실력 양성 운동을 펼치기 시작했다. 실력 양성 운동은 먼저 경제적 부분에서 전개됐다. 일제의 식민 지배하에 민족 기업은 일제의 억압과 차별로 제대로 성장하기가 힘들었다. 이러한 상황 속에서 민족 자본가 및 일부 지식인들이 민족 기업을 우리 힘으로 육성하여 민족 경제를 다시 일으켜 세우자는 운동을 일으켰다. 이를 물산 장려 운동이라고 한다.

경성 방직 주식 회사의 광목 선전 광고
'우리가 만든 것 우리가 쓰자'

물산 장려 운동은 1920년 조만식을 중심으로 한 평양의 자본가들이 모여 조선 물산 장려회를 만들고 동포들에게 '조선 사람은 조선 사람이 만든 것을 사용할 것'과 '스스로 근검절약할 것'을 주문하면서 시작됐다. 그리고 1923년에는 서울을 중심으로 전국적 규모의 조선물산장려회가 창립되어 전국 각지에 25개의 지부를 설치하고 자급 자족, 국산품 애용, 절약 및 금주 등의 운동을 전국적으로 전개했다.

물산 장려 운동은 한동안 국민들의 지지를 받고 성공하는 듯했다. 하지만 이후로 일제의 간섭과 탄압, 그리고 민족 지도자들 간의 갈등 등의 이유로 점차 시들해졌다.

2) 민립 대학 설립 운동을 전개하다

1920년대에는 경제 분야의 실력 양성 운동뿐만 아니라 교육을 통하여 민족의 실력을 키우려는 운동이 일어났다. 3·1 운동 이후 교육 열이 높아지자 민족의 역량을 키우기 위해서 고등 교육 기관을 설립해야 한다고 주장하는 사람들이 생겨났던 것이다.

당시 우리 민족은 일제에 의해 교육적 차별을 받고 있었고, 고등 교육을 받을 수 있는 기회가 적었다. 그러므로 고등 교육 기관 설립을 통해 학문적 지식을 갖춘 유능한 인재를 키우는 것이 매우 중요하다고 생각했다.

이를 위해 이상재·이승훈·한용운 등은 조선 민립 대학 기성회를 만들고 대학 설립을 위한 활동에 나섰다. 그리고 동아일보, 조선일보 등의 언론 기관도 이에 적극 협조하며 민립 대학 설립운동이 본격적으로 추진됐고, 대학 설립에 필요한 자금 마련을 위해 동포들을 대상으로 전국적인 모금 운동을 했다.

당시 홍수와 가뭄 등의 자연 재해와 일제의 방해로 인해 모금이 제대로 이루어지지 않아 어려움을 겪었다. 또한 일제는 민립 대학 설립을 허

경성제국대학(서울 종로)

가하지 않는 대신 경성 제국 대학을 설립하여 우리 국민에게도 고등교육의 기회를 주는 것으로 선전했다. 그러나 실제로 경성 제국 대학의 입학생 가운데 한국인은 그 수가 적었다.

민립 대학 설립 운동은 중단됐지만 우리 국민들의 교육열은 더욱 높아져만 갔다. 당시에는 교육을 받고자 희망하는 이들이 많았으나 공립 학교는 이를 모두 받아들일 수 있을 만큼 그 수가 많지 않았다.

이에 전국 각지에서는 야학이 설립되어 우리말 교재로 한글과 우리 역사를 가르치며 민족 의식을 길러주었다. 야학은 학생들 뿐만 아니라 성인 남녀까지 받아들이며 민족 교육 기관으로서의 역할을 하기도 했다. 당시에는 일제가 우리 민족들의 교육 기회를 차단하고 있었기 때문에 글을 읽거나 쓰지 못하는 문맹인 사람들이 많았는데, 야학은 이러한 문맹 문제를 해결하기 위해서 힘썼다.

문자 보급, 문맹 퇴치 운동에는 당시 조선일보, 동아일보 등의 언론도 적극적으로 참여했다. 언론들은 한글로 된 교재를 만들어 전파하거나 지방의 마을에 야학을 설립하여 농민들에게 한글을 가르치는 등 일반

야학
일제 강점기 크게 발전했던 야학은 일하느라 제대로 된 교육을 받지 못하던 청소년이나 교육의 기회가 없었던 성인들을 대상으로 운영하는 야간 교육 기관이었다.

조선 민립 대학 기성회 창립 총회

참 한국사 이야기

민중들의 교육을 위해 노력했다.

1929년 조선일보는 '아는 것이 힘, 배워야 산다'라는 표어를 내세우고 문자 보급 운동을 시작했다. 1931년부터 동아일보는 '브나로드 운동'을 전개하여 한글을 가르치며 미신 타파, 근검 절약 등의 계몽 활동에 힘을 기울였다. 이처럼 민족의 실력 양성 운동은 경제·교육·문화 등 다양한 방면에서 이루어지며 나라의 밑거름이 됐다.

3) 신간회를 조직하여 민족 유일당 운동을 전개하다

1920년대 중반 들어 민족 내에서도 일제와 타협하려는 사람들이 생겨났다. 이들은 일제의 지배를 받는 것이 어쩔 수 없는 기정사실이라 생각했다. 이에 일본이 허용하는 범위 내에서 민족의 자치권을 얻어내자고 주장했다. 이들의 이러한 '자치 운동'은 일제의 지배를 인정하자는 것이나 다름이 없었다.

이러한 주장은 민족의 분열과 혼란을 가져와 대다수의 민족 지도자들이 이에 반대하며 일제와 타협해서는 안된다고 주장했다. 이러한 상황에서 1926년 6·10 만세 운동

브나로드 운동 포스터
동아일보가 주도한 브나로드(러시아어로 '민중 속으로'라는 뜻) 운동은 1931년부터 1934년까지 4회에 걸쳐 실시됐다. 브나로드 운동은 각 지방의 마을마다 야학을 개설하여 한글을 가르치는 것 뿐만 아니라 미신 타파, 구습 제거 생활 개선, 근검절약 등 농촌 계몽 활동을 했다. 하지만 브나로드 운동은 이후 조선 총독부의 금지령이 내려지면서 중지되었다.

최용신 기념관(경기 안산)
최용신(1909-1935)은 1931년 YWCA 교사로 안산 샘골(턴곡)에 파견되어 천곡학원 건물을 짓고 문명 퇴치와 농업 기술 및 애국심을 심어주는 교육에 헌신적으로 활동하다가 과로 등으로 숨을 거두었다. 이 이야기는 심훈의 소설 『상록수』에서 실제화되어 농촌 운동의 본보기가 되었다.

더 알아보기

신간회 3대 강령

– 우리는 정치적, 경제적 각성을 촉구한다.

– 우리는 단결을 공고히 한다.

– 우리는 기회주의를 일체 부인한다.

을 계기로 서로 다른 이념노선을 보이던 사회주의계와 민족주의계 지도자들은 서로 힘을 합쳐 마침내 1927년 민족 최대의 항일 운동 단체인 신간회를 탄생시켰다.

신간회는 강령에서도 보이듯 당시 자치 운동을 벌이던 타협적 민족주의자들을 기회주의라며 배격했다. 신간회에는 언론인, 종교인, 지식인 등 각계 각층의 민족 지도자들이 참여했고, 각종 사회 운동을 지원하며 본격적인 활동을 시작했다.

전국을 순회하면서 일제의 탄압을 반대하는 내용의 강연회를 개최하며 국민들의 민족 의식을 일깨우기 위해 노력하였다. 그리고 일제에 대항한 각종 농민 운동, 노동 운동과 같은 대중 운동을 지원했다.

1929년 일어난 광주 학생 항일 운동 때도 진상 조사단을 파견하기도 하였다. 신간회는 1929년 광주 학생 운동의 실상을 알리고 전국적인 항쟁으로 파급시키기 위해 광주실정 보고 민중 대회를 개최하기로 하였으나 신간회의 많은 지도자들이 일제에 체포되면서 위기를 맞기도 했다. 이후 신간회 조직원들 간에 의견 충돌이 생기기 시작하면서 결국 1931년 해소되었다.

해소

어떤 조직이나 단체가 해체되는 것을 의미한다.

신간회 창립 보도

신간회 안동지회 제2회 정기대회(1928. 1. 29)

이처럼 1920년대 후반 민족 운동을 주도하면서 민중들을 대표하는 단체로 성장하던 신간회의 활동은 막을 내렸다. 하지만 1927년부터 1931년까지 서울에 본부를 두고 전국적으로 120개 이상의 지회를 둔 이 시기 가장 규모가 컸던 반일 사회 운동 단체인 신간회의 활동은 당시 일제에 대항하여 펼쳐진 여러 가지 사회 운동에 긍정적인 영향을 주었다.

예컨대 노동자들이 노동 운동을 전개했는데, 1928년 원산에서 일어난 원산 총파업이 컸다. 농민들은 암태도 소작 쟁의를 비롯한 많은 농민 운동을 전개했고, 1923년 진주에서 백정 출신의 지도자들이 모여 조선형평사를 조직하였다. 그들은 백정에 대한 차별폐지와 사회 평등을 요구하는 형평 운동을 전개했다. 그러나 1930년대 일제의 탄압으로 해체되었다.

쟁의
지주나 소작인, 사용자나 근로자 사이에서 일어나는 분쟁을 의미한다.

신간회의 설립 배경

민족주의 계열	실력 양성 운동 전개 - 물산 장려 운동, 민립 대학 설립 운동 등	타협	일제가 허용하는 범위 내에서 자치 운동 (개량주의자 또는 기회주의자)	
		비타협	일제와 타협 거부	민족 유일당 운동 • 신간회 창립 • 광주 학생 항일 운동 지원
사회주의 계열	청년 운동, 학생 운동 농민 운동, 노동 운동	6.10 만세 운동 준비 (일제의 탄압)		

총파업을 벌이는 원산 노동자들

형평 운동 기념탑(경남 진주) 진주성 앞에 세워져 있다.

3. 민족 문화 수호 운동을 전개하다

1) 일제의 민족 문화 말살 정책

황국 신민 서사비(경기 안산)

황국 신민
일본 천황의 명을 받드는 국민을 의미한다. 일제는 이러한 황국신민화 정책을 위해 창씨개명과 신사참배를 강요하기도 했다.

일제는 식민 통치하는 동안 끊임없이 우리 민족을 억압하고 수탈했지만, 이러한 육체적 억압보다 더욱 무서운 것은 정신적으로도 우리 민족을 지배하려 했다는 점이다. 이를 위해 일제는 한국인의 독립 정신을 말살시키고자 했다.

일제는 식민 통치를 정당화하고자 식민사관을 만들어 한국사를 왜곡하고 부정적인 면만을 부각함으로써 한국인들은 주체적 발전이 불가능하다고 주장했다. 즉, 우리 역사에서 보여지는 부정적인 면들을 볼 때, 한국인은 스스로 발전시켜나갈 능력이 부족하므로, 일제의 식민 통치는 오히려 우리나라를 도와 발전시키는 긍정적인 면이 있다는 억지를 부렸다.

그리고 1930년대 들어 일제는 우리 국민에게 황국 신민이 될 것을 강요하며 우리말 사용을 금지시키고, 우리말과 우리 역사에 대한 교육을 폐지하도록 했다. 곧 일제는 우리 민족 문화를 모두 말살시키고 한국 국민들의 정신까지 개조시켜 식민지 노예로 만들겠다는 생각이었다.

2) 한글 연구와 한글 보급 활동

민족 지도자들과 학자들은 일제로부터 우리말, 우리글, 우리 역사 등을 지키는 것이 무엇보다도 중요하다고 주장하며 이를 위해 여러 가지 노력을 했다. 이를 국학 운동이라고 한다.

민족 문화를 수호하려는 노력은 한국사 연구 활동과 마찬가지로 한글 연구 활동에서도 꾸준히 전개됐다. 주시경에게 영향을 받은 이윤재·최현배 등은 1921년 조선어연구회를 세우고 한글을 본격적으로 연구하기 시작했다. 그리고 한글을 일반 민중들에게 보급함으로써 한글의 대중화를 위해 노력했다.

1932년에는 조선어연구회를 조선어학회로 개편하고 한글 맞춤법 통일안을 제정하는 한편, 표준어와 한글날을 제정하여 우리말과 글을 널리 알리기 위해 애쓰기도 했다. 또한 우리나라의 표준말을 확실히 세우는 것이 시급하다고 깨닫고, 1936년에는 조선어 표준말 모음을 공표하기도 했다.

조선어학회는 일제의 지배 아래에 있던 우리 민족을 다시 태어나게 할 가장 빠른 방법은 문화의 기초가 되는 언어를 정리하고 통일화하는 것이라고 생각했다. 이에 우리 언어인 한글을 정리 및 종합하고자 사전을 편찬하기로 계획하기도 했다.

하지만 당시에는 일제가 우리말을 사용하지 못하도록 했을 뿐만 아니라 우리말 교육을 금지시킨 상황이었기 때문에, 조선어 학회의 노력은 목숨을 건 민족 운동이나 다름 없는 것이었다. 결국 1942년 일제는 조선어 학회를 독립운동 단체로 지목하고, 이윤재·최현배 등을 모두 체포해 감옥에 가두었다. 그리고 그들이 수년 동안 노력하여 만든 『우리말 큰사전』의 원고를 모두 빼앗아 갔다.

이후로 조선어 학회는 결국 해체됐지만 이들의 노력은 우리 민족 문화를 수호했다는 측면에서 매우 중요한 의미를 가진다. 그리고 조선어 학회는 광복 이후 1949년 한글학회로 이름을 바꿔 다시 설립된 뒤 우리말 큰사전 편찬 작업을 이어받아 1957년 마침내 6권의 『큰사전』을 모두 완성했다.

3) 역사 연구

일제에 의해 왜곡된 우리 역사를 바로잡는 것이 무엇보다 시급한 일이었다. 그리고 일제가 주장하는 한국은 정치사회의 변화에도 불구하고 능동적으로 발전하지 못하였다는 '정체성론'과 한국 역사는 주체적이지 못하고 다른 나라에 의해 좌우되었다는 '타율성론'의 식민지 역사관에 맞서 우리 역사의 긍정적인 면들을 밝히고 올바른 민족사를 찾기 위해 노력했다.

박은식은 역사 연구를 독립운동의 한 방법으로 생각하며, 우리 역사의 자주성을 강조했다. 그는 1915년 상하이에서 『한국통사』를 써서 우리 민족이 피를 흘리며 일제에 대항한 사실들을 강조하고자 했다. 이를 통해 그는 혼(魂)이 담긴 민족사의 중요성을 주장했다. 이 말은 우리나라가 일제의 식민지가 되어 그 형태는 사라졌지만, 우리 민족이 우리 역사(우리혼)를 잊지 않는 한 언젠가 반드시 자주독립을 이룰 수 있을 것이라는 뜻이다. 이는 오늘날 우리가 왜 우리나라의 역사를 배워야하는 지를 절실히 깨닫게 해주는 이야기이기도 하다.

신채호(1880년~1936년)
일제 강점기 역사가이며 언론인, 독립운동가로 우리나라 근대 역사학의 선구자이다.

신채호 또한 우리 민족의 역사를 재평가하는 『조선상고사』, 『조선사연구초』 등의 역사서를 지어 일제의 식민지 역사관이 왜곡되고 조작된 것임을 밝혀내고자 했다. 그는 고조선으로부터 부여·고구려·발해까지 이어지는 고대사의 체계를 완성하여 고조선과 발해 또한 우리 민족 역사의 일부라는 것을 증명했다.

여러 역사학자의 노력은 계속됐는데, 이들은 우리 역사의 발전적 측면에 주목하고 그 발전 과정을 체계적으로 정리하는 연구를 펼치며 일제 식민 사관의 잘못된 점을 조목조목 반박했다.

1934년 정인보와 안재홍은 다산 정약용의 서거 99주년을 기념하여 정약용과 관련된 연구 성과물을 내면서 '조선학 운동'을 펼쳤다. 이 조선학 운동은 일방적으로 조선의 특수성만을 강조하지 않고 이를 세계사

안재홍(1891년~1965년)
독립운동가이며 정치가, 사학자로 고대사 연구를 통해 일제의 식민사관을 극복하려 했다. 신민족주의론을 주장했다.

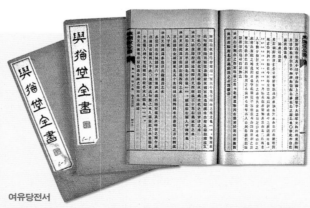

여유당전서
1930년대 중반, 안재홍·정인보 등은 조선학 운동을 시작했는데, 이러한 조선학 운동에 의해 조선 후기 학자인 정약용의 저술을 총정리한 문집인 여유당전서가 발행됐다.

적 보편성과 일치시키는 국제적 민족주의를 지향하였다.

이처럼 일제는 식민 통치를 정당화하기 위해 한국사를 왜곡하여 우리 민족의 정신까지 지배하고자 했다. 그러나 민족 지도자들은 이에 대항하여 민족 문화를 지키고자 노력했다. 우리가 지금도 우리말을 배우고 우리 역사를 온전히 이해할 수 있는 것은 당시 조상들이 우리말과 우리 역사를 수호하기 위해 노력했기 때문이라는 사실을 결코 잊어선 안 된다.

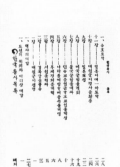

신채호의 『조선상고사』   박은식의 『한국통사』

조선어 학회 회원들(1935년)   우리말 큰 사전 편찬 모습

더 알아보기

『우리말 큰사전』머리말(일부)

말은 사람의 특징이요, 겨레의 보람이요, 문화의 표상이다. 조선말은, 우리 겨레가 반만년 역사적 생활에서 문화 활동의 말미암던 길이요, 연장이요, 또 그 결과이다. 그 낱낱의 말은, 다 우리의 무수한 조상들이 잇고 이어 보태고 다듬어서 우리에게 물려준 거룩한 보배이다. 그러므로 우리말은 곧 우리 겨레가 가진 정신적 및 물질적 재산의 총 목록이라 할 수 있으니, 우리는 이 말을 떠나서는 하루 한 때라도 살 수 없는 것이다.

국회의사당(서울 영등포)

여의도의 국회의사당은 1975년 9월 1일 준공된 이후로 국회의원들이 국정을 논의하는 장소로 사용되고 있다.

도라산 역(경기 파주)

서울과 신의주를 잇는 경의선 철도의 역 중 하나로 민통선 안에 있다. 한반도 통일 염원을 상징하는 대표적인 장소이다.

4권

III

대한민국 정부 수립과 발전

1945년 8월 15일, 우리 민족이 그토록 바라던 광복이 이루어졌다. 광복은 미국, 소련 등 연합군이 일본과의 전쟁에서 승리한 결과로 이루어졌지만, 우리 민족이 그동안 국내외에서 부단히 전개한 독립운동의 결실이기도 했다. 광복이 이루어지자 사람들은 거리로 나와 환호성을 치렀고 민족 지도자들은 새로운 국가의 건설을 위해 분주히 노력했다.

그러나 당시 동서 냉전의 중심 국가인 미국과 소련이 한국의 새로운 정부를 어떤 방향으로 수립할 것인가를 두고 대립했다. 이러한 상황에서 민족 지도자들 간에도 서로 의견 차이가 생기기 시작했다. 결국 남북 간에 갈등을 풀지 못한 채 38도선을 경계로 남한과 북한으로 갈라지게 됐다. 그리고 1948년 남쪽 지역과 북쪽 지역에는 각각 대한민국과 조선민주주의 인민공화국이라는 서로 체제가 다른 정부가 수립됐다.

1950년 6월 25일 새벽, 북한의 침략으로 6·25 전쟁이 일어나게 됐다. 민족 최대의 비극인 6·25 전쟁은 수많은 희생자를 남기고 3년 만에 휴전협정이 체결됐다. 전쟁으로 폐허가 된 한반도를 보며 다른 나라 사람들은 우리나라를 절망적인 상황이라고 여겼지만, 사람들은 희망을 가지고 잿더미가 된 나라를 복구하기 위해 구슬땀을 흘리며 온 국민이 다 함께 노력했다. 이후 우리나라는 여러 고난과 시련을 겪었지만 민족의 의지와 노력으로 짧은 기간에 눈부신 경제 발전을 이룰 수 있었다. 이제는 급속도로 경제 발전을 이루어낸 선진국으로서 다른 어려운 나라에 도움을 줄 정도의 잘사는 나라가 됐다. 하지만 경제 발전에 따른 사회 변화로 적지 않은 사회 문제가 발생하기도 했다.

우리나라는 민주 국가로서의 모습도 갖추어가기 시작했다. 하지만 민주주의는 저절로 이루어지지는 않았다. 그 과정에서 우리 국민들은 민주주의를 실현하기 위해 4·19 혁명, 5·18 민주화 운동, 6월 민주 항쟁 등을 주도하며 목숨을 걸고 투쟁에 나서기도 했다. 국민들의 끊임없는 노력으로 우리나라는 오늘날의 민주주의를 실현할 수 있었다.

대한민국 정부가 수립되다

대한민국 정부 수립 국민축하
식(1948년 8월 15일)

1. 8·15 광복에 이어 대한민국 정부가 세워지다

1) 광복 이후 국내정세

일제가 중·일 전쟁(1937년), 미국과의 태평양 전쟁(1941년)을 연달아 일으켜 침략 전선을 확대했다. 국내외에서 독립운동을 펼치던 민족 지도자들은 미래를 내다보고 독립 국가 수립을 위한 준비 작업에 나섰다. 이곳저곳에서 무리하게 전쟁을 일으키는 일제가 곧 패망할 것이라 생각한 것이다.

국외에서 중국 충칭의 대한민국 임시 정부는 한국 광복군을 만들어 국내 진공 작전을 준비했다. 국내에서는 여운형 등을 중심으로 조선 건국 동맹이라는 비밀 단체를 만들어 일제의 패망과 독립 이후 찾아올 사회 혼란에 대비해 새로운 나라를 세울 준비를 하고 있었다.

제2차 세계 대전이 미국·소련 등 연합국의 승리로 끝나고 일본이 무조건 항복함으로써 마침내 1945년 8월 15일 우리 민족은 광복을 맞이하게 됐다. 8·15 광복은 일본이 연합국과의 전쟁에서 패하여 항복을 하고 우리나라에서 철수한 것이 직접적인 원인이었지만, 그동안 국내외에

여운형 생가(경기 양평)　　　여운형 집 터(서울 종로)

여운형(1886년~1947년)
독립운동가이자 정치가였던 여운형은 1919년 상하이 임시 정부 수립에 힘썼으며 임시 정부의 임시 의정원 의원과 외무부 차장으로 활동했고, 김규식을 파리 강화 회의에 파견하기도 했다. 그는 1930년대에는 조선중앙일보사의 사장으로 있을 때, 한국인이지만 일본 국적으로 올림픽 마라톤 금메달을 획득한 손기정 선수의 시상식 사진에서 일장기를 없애고 조선중앙일보 신문에 게재한 일화는 유명하다. 1944년에는 조선 건국 동맹을 조직하여 광복 이후 정부 수립을 준비했다. 광복 후에는 조선 건국 준비위원회(건준위)를 결성하여 건국 준비 작업을 위해 노력하는 등 통일된 정부 수립을 위해 애쓰다가 1947년 극우 청년에게 살해됐다.

해방 후 서울역에 모여든 사람들

서 우리 민족이 일제에 대항하여 꾸준히 전개한 독립운동이 마침내 결실을 맺은 것이라고 할 수 있다. 일제 강점기하에 독립운동가들과 민족 지도자들이 끊임없이 한국이 자주독립국임을 전세계에 알리려고 노력했으므로 세계 각국이 전쟁 이후에도 이를 인정해 줄 수 있었다. 만약 그러한 노력이 없었다면 우리나라의 광복은 조금 더 늦어졌을 지도 모른다.

광복이 되자 국내에 있던 민족 지도자들은 본격적인 독립 국가의 건설에 나섰다. 또한 국외에서 독립운동을 하던 대한민국 임시 정부 주요 인사들과 그 밖에 여러 독립운동 단체의 애국지사들도 귀국하여 국가 건설을 위해 노력했다.

그러나 8·15 광복 이후에도 진정한 독립이 이루어졌다고 할 수 없는 상황에 놓이게 됐다. 광복은 됐지만 우리나라는 전쟁 승리 국가의 입장에 서지 못했고, 그 결과 일본과의 전쟁에서 승리한 미국과 소련의 이해관계에 휘말렸다. 당시 냉전체제를 주도하던 미국과 소련은 한반도에 대한 지배권을 둘러싸고 한반도를 자신들의 영향력 아래 두고자 서로 상대방을 견제했다. 결국 양국은 38도선을 경계로 북쪽은 소련군이, 남쪽은 미국군이 각각 진주하였다. 그 결과 한반도가 남과 북으로 분단되

38도선
북위 38도를 기준으로 한반도를 남과 북으로 나눈 선이다. 현재는 6.25 전쟁 이후 생긴 휴전선이 남과 북을 갈라놓고 있다.

38도선

연합군 앞에서 항복 문서에 서명하는 일본

며 통일된 독립 국가의 건설이 어려워지게 됐다. 광복의 기쁨이 채 가시기도 전에 나라가 갈라지게 된 것이다. 아울러 우리나라 정부를 어떻게 수립할 것이냐를 두고 남과 북에 있는 민족 지도자들 간에도 의견 차이를 보였다.

2) 남한에서의 미 군정 실시

광복 후 9월 미 육군사령관 하지(John R. Hodge) 중장은 조선 총독으로부터 정식으로 항복 문서를 접수받았다. 이어 그는 아널드(A. V. Arnold) 소장을 군정장관에 임명하여 남한에 미 군정이 실시됐다. 미 군정은 처음 한국인 고문제를 실시했다가 폐지하고, 1946년 군정장관 산하에 문교부 등 11개 부와 5개 처를 두었다.

미 군정은 광복 직후 전국 각지에서 생겨난 인민위원회·치안대 등 각종 단체를 해체시키고 서구적 가치관을 갖고 영어를 잘하는 보수적 인물들을 고문으로 임명했다. 또 치안유지법·사상범 예방구금법 등 일제가 만든 악법들을 폐지했으나 신문지법·보안법 등은 존속시켰다.

1947년 6월 남조선 과도정부가 수립되자 행정권은 한국인에게 인계

미국기(성조기)가 올라가다(미국문서기록관리청, 국사편찬위언회 수집 사진 자료)

대한민국 정부 수립 기념식에 참석한 이승만, 맥아더. 하지(미국 문서 기록 관리청)

되어 미국인은 고문 자격을 가지고 일선에서 물러났으나 실권은 그들에게 있었다. 이후 미·소 공동 위원회가 결렬되자 유엔의 결의에 따라 총선거를 준비, 남한 지역에만 실시하여(1948. 5. 10.) 3년 여에 걸친 미 군정은 끝이 났다.

3) 신탁 통치에 대한 좌·우의 대립

38도선이 생기고 3달 뒤인 1945년 12월 모스크바에서 미국·소련·영국 외교부 장관의 이른바 '모스크바 삼국 외상회의'가 열렸다. 이 회의는 한반도의 임시 정부 수립 문제를 의논하는 자리였다. 삼국은 회의를 통해 한국을 최고 5년 동안의 신탁 통치를 하기로 결정했다. 이들은 일제의 지배에서 벗어난 지 얼마 되지 않은 한국이 혼자만의 힘으로 온전한 국가를 세울 수 없다고 생각하고 미국, 소련의 관리하에 정부를 수립할 수 있도록 도울 것을 결의했다.

광복 후 당연히 독립 국가가 될 것으로 여겼던 한국인들은 다른 나라가 우리나라 정치에 간섭하기 시작하면 일제의 지배 아래 있던 때와 다를 것이 없다고 여겼다. 이에 전국적으로 신탁 통치를 반대하는 '반탁 운동'을 전개하게 됐다.

신탁 통치
신탁 통치는 일조의 위임통치로서 한국은 정부를 수립할 능력이 없으므로 자립할 능력이 생길때까지 미국, 영국, 소련, 중국 4개국이 신탁통치를 하기로 결정했다.

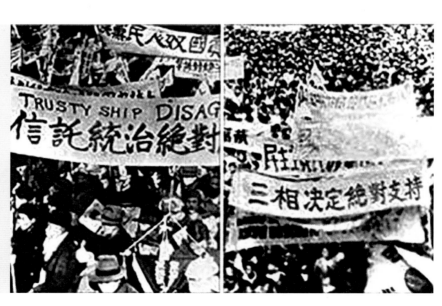

우파 정치 세력의 신탁 통치 반대 집회(왼쪽, 1945년 12월)와 좌파 정치 세력의 모스크바 결정 지지 집회(오른쪽, 1946년 1월)
신탁 통치 절대 반대와 삼상 결정 절대 지지 문구가 선명히 대비되고 있다.

참 한국사 이야기

한편, 좌익세력은 처음에는 반탁을 주장하다가, 소련의 지시에 따라 태도를 바꾸어 신탁 통치를 지지했다. 미국과 소련이 남쪽과 북쪽에서 서로 대치함에 따라 남한과 북한 사이의 대립이 더욱 심해졌다. 미국과 소련에 의해 강제로 갈라선 38도선이 점점 민족의 분단으로 굳어져 가는 셈이었다.

4) 미·소 공동 위원회와 5·10 총선거

미국과 소련은 모스크바 삼국 외상 회의의 진행사항을 이행하기 위해 1946년과 1947년 두 차례에 걸쳐 미·소 공동 위원회를 개최했다. 여기서 한반도에 임시 정부를 수립하는 방안을 협의했지만 미국과 소련 사이의 의견 차이를 좁히지 못한 채 결렬되고 말았다. 이처럼 정부 수립에 관해 미국과 소련 사이에 그리고 국내의 정치인들 사이에도 의견 일치를 보지 못하자 미국은 이 문제를 국제 연합(UN)의 결정에 맡기기로 했다. 국제 연합에서는 한국 임시 위원단을 만들고 이들의 감시 하에 남북한 총선거를 실시하기로 결정했다.

하지만 이러한 결정이 인구가 적은 38도선 이북 지역(북한)에 불리하다고 판단되자, 소련은 남북한 총선거를 반대하며 한국인 위원단이 북한에 들어오는 것을 거부했다. 소련이 반대하자 국제 연합은 선거가 가

덕수궁 석조전(서울 중구)
미국과 소련이 1차 미·소 공동 위원회를 열었던 곳이다.

제2차 미·소공동위원회(시티코프와 브라운)

이승만의 정읍 발언

이제 우리는 무기 휴회된 미·소 공동위원회가 재개될 기색도 보이지 않으며, 통일정부를 고대하나 여의치 않게 됐으니, 우리는 남한정부만이라도 임시 정부, 혹은 위원회 같은 것을 조직하여 38이북에서 소련이 철퇴하도록 세계 공론에 호소하여야 될 것이니 여러분도 결심하여야 될 것이다.

능한 38도선 이남 지역(남한)만이라도 총선거를 실시하여 정부를 세울 것을 결정하게 되었다.

국제 연합의 결정에 이승만을 중심으로 하는 세력들은 찬성했다(정읍발언). 반면에 김구를 중심으로 하는 남북 협상파 세력은 반대했다. 김구는 남한에서만 총선거를 실시하여 북한을 제외한 남한만의 단독 정부를 세울 경우, 우리 민족의 분단이 완전히 굳어질 것이라고 생각했다.

이에 김구는 북한으로 가 그곳의 지도자들과 남북의 통일 정부 수립을 위한 남북 협상을 벌였으나 별다른 성과를 거두지 못한 채 돌아왔다. 결국 국제 연합의 결정대로 1948년 5월 10일, 남한에서만 총선거가 실시됐다. 김구의 남북 협상파 세력들은 이 선거에 불참했다. 이를 5·10 총선거라고 한다.

5·10 총선거는 민주주의 선거의 4대 원칙인 보통·평등·비밀·직접 선거를 실현한 우리나라 최초의 민주 선거였다. 이 총선거에서 선출된 국회의원들이 국회를 구성하여 헌법을 제정했는데 이들을 제헌의원, 이 국회를 제헌 국회라 한다.

5·10 총선거 포스터와 선거 모습(1948년)

5) 대한민국 정부 수립

우리나라의 국호를 '대한민국'으로 결정했다. 이 나라 이름은 대한민국 임시 정부를 계승한 민주 공화제 국가의 뜻이 들어있다. 제헌 국회는 이승만을 대통령으로 선출하고 대통령 이승만은 1948년 8월 15일 대한민국 정부 수립을 국내외에 선포했다. 국제 연합에서는 대한민국이 한반도에서 수립된 유일한 합법적 정부임을 승인했고, 이후 국제 사회에서 그 정통성을 인정받게 됐다.

대한민국 정부 수립은 큰 의의를 가지고 있다. 일제 강점기에서 벗어나 감격스러운 독립 국가 건설을 이루었고, 이를 국제 사회에서 인정받게 됐다는 사실에서 큰 의의가 있다. 반면에 38도선을 경계로 남과 북이 갈라지며 통일 국가 건설을 이루지 못한점은 아쉬웠다. 갈라선 남과 북은 곧이어 6·25 전쟁이라는 우리 민족 최대의 비극을 맞이하게 된다.

숭례문(남대문)에 걸린 대한민국 정부수립 경축 현수막(아래)
(미국 문서기록 관리청, 국사편찬위원회 수집 사진 자료)

김구의 '나의 소원'

네 소원이 무엇이냐 하고 하느님이 내게 물으시면, 나는 서슴지 않고

"내 소원은 대한독립이오."

하고 대답할 것이다. 그 다음 소원은 무엇이냐 하면, 나는 또

"우리나라의 독립이오."

할 것이요, 또 그 다음 소원이 무엇이냐 하는 세 번째 물음에도, 나는 더욱 소리를 높여서

"나의 소원은 우리나라 대한의 완전한 자주 독립이오."

남북 협상을 위해 가던 중 38도선에 선 백범 김구 일행

하고 대답할 것이다.

동포여러분! 나 김구의 소원은 이것 하나 밖에는 없다. 내 과거의 칠십 평생을 이 소원을 위하여 살아왔고, 현재에도 이 소원 때문에 살고 있고, 미래에도 나는 이 소원을 달(達)하려고 살 것이다.

독립이 없는 백성으로 칠십 평생에 설움과 부끄러움과 애탐을 받은 나에게는, 세상에서 가장 좋은 것이 완전하게 자주 독립한 나라의 백성으로 살아보다가 죽는 일이다.

－남북 총선거를 지지하면서 밝힌 김구의 논설(1947년)－

평양 쑥섬 유적
김일성과 김구가 남북 협상을 한 장소이다.

2. 건국 초기의 국내 정세는 어떠했나

1) 통일 정부수립을 둘러싸고 좌우 대립이 심해지다

민족 통일 국가의 수립이 좌절되고 남한만의 단독 정부 수립이 확실시 되자 이에 반대하는 시위가 각지에서 일어났다. 특히 제주도에서는 미군 철수, 남한만의 단독 선거 및 단독 정부 수립 반대 등을 주장하며 격렬한 반대 투쟁이 일어났다.

1947년 3월 1일 3·1절 기념 집회가 벌어졌을 때 경찰의 발포로 희생자가 발생하면서 제주도민과 경찰이 충돌하는 사건이 일어났다. 이때 미 군정이 보낸 경찰은 이를 공산주의 사주를 받은 제주도민의 폭동으로 간주하여 탄압했다. 이에 많은 사람이 검거되었고 조사하는 과정에서 고문이 자행되었는데, 경찰 당국이 2,500여 명을 구금하기도 했다.

이러한 상황에서 남한만의 단독 선거가 결정되자 전국에서 반대 시위가 일어났고, 제주도에서도 시위가 일어났다. 그 과정에서 또 다시 희생자가 발생하면서 제주도민과 경찰 간의 갈등은 더욱 증폭됐다. 단독 정부 수립을 반대하던 집단이 중심이 되어 구성된 유격대와 이를 토벌하기 위한 미 군정 경찰 중심의 토벌대 사이에 대규모 유혈 사태가 발생했고 그 과정에서 무고한 시민들이 다수 희생됐다. 이러한 비극은

4·3 사건 평화 기념관(제주)

여순 사건 위령탑(전남 순천)

제주도 4·3 사건의 재조명

2000년 '제주 4·3사건 진상 규명 및 희생자 명예 회복을 위한 특별법'이 제정되어 이 사건을 1947년 3월 1일 경찰의 발포사건을 기점으로 하여 경찰과 서북청년단의 탄압에 대한 저항과 남한의 단독선거·단독 정부 반대를 기치로 1948년 4월 3일 남로당 무장대가 무장 봉기한 이래 1954년 9월 21일 한라산 금족 지역에 전면 개방될 때까지 제주도에서 발생한 무장대와 토벌대 간의 무력 충돌과 토벌대의 진압 과정에서 수 많은 주민이 희생당한 사건으로 정의하였다.

1948년 4월 3일부터 1954년 9월 21일까지 이어졌는데, 이를 '제주도 4·3 사건'이라고 한다.

제주도에서의 무장 봉기와 무력 충돌이 진정되지 않자, 이를 진압하기 위해 여수에 주둔하고 있던 군부대에게 제주 진압을 위해 출동하라는 명령을 내려졌다. 하지만 부대 내에 있던 일부 세력은 출동을 거부하고 무장 봉기를 일으켜 여수 시내에 이어 순천까지 점령했다. 이를 '여수·순천 10·19 사건'이라고 한다. 이 사건의 여파는 인근 다른 지역까지 확산됐고 결국 국군과 경찰에 의해 진압됐으나 그 과정에서 무고한 민간인까지 희생되거나 피해를 입었다.

2) 북한 정권의 수립

남한에서 정부 수립 과정에 많은 갈등과 무력 충돌이 발생한 것처럼 북한에서도 북한 정부 수립 과정에서 적지 않은 사건이 발생했다. 소련의 지원을 받은 김일성은 다른 경쟁자를 제거하고 북조선 임시 인민 위원회를 세우며 여러 개혁을 실시했다. 북한에서는 일제 식민 잔재 청산, 주요 산업의 국유화, 무상 몰수·무상 분배 원칙에 따른 토지 개혁 등을 실시하며 사회주의 체제를 구축해나갔다.

북조선 임시 인민 위원회 발족, 위원장에 김일성을 선출했다(1946. 2. 8).

그러나 북한의 토지개혁은 소유권이 보장되는 것처럼 보였으나 분배받은 토지의 매매와 임대(소작), 저당을 금지했다. 따라서 본인만 농사를 지을 수 있는 경작권만을 준 것으로 자기 소유의 토지가 없어 가난한 처지에 놓였던 대다수 북한 주민들의 지지를 받았고, 이는 북한에서 사회주의 국가 체제가 수립되는 바탕으로 되었다. 그러나 이러한 사회주의 개혁 정책에 타격을 입은 지주·자본가·종교인 등은 38도선을 넘어 남으로 내려와 반공 세력을 구축했다.

북한은 임시 헌법 초안을 만들고 1948년 2월 8일 조선 인민군을 창설했다. 남한에서 1948년 5월 10일 총선거가 실시된 뒤 제헌 국회가 수립되고 대한민국 정부가 수립되자, 북한에서도 최고 인민 회의 대의원 선거를 실시하여 1948년 9월 9일 김일성을 수상으로 하는 조선 민주주의 인민공화국을 수립했다.

3. 6·25 전쟁이 일어나다

우리 민족은 오랜 역사 속에서 크고 작은 많은 전쟁을 겪었고, 그로 인해 엄청난 인적·물적 희생과 파괴를 경험해야만 했다. 그 중에서 가장 비극적인 전쟁은 바로 동족끼리 총, 칼을 겨누고 싸워야만 했던 6·25 전쟁이다.

1948년 남한과 북한이 각각 단독 정부를 세우자, 미국과 소련은 한반도에 주둔하고 있던 군대를 대부분 철수시켰다. 하지만 민주주의 국가와 공산주의 국가로 서로 사회 체제를 달리하던 남한과 북한의 두 정부는 상대방을 비난하면서 자신들이 중심이 된 통일 국가를 주장했고, 그로 인해 남한과 북한 간의 갈등이 점점 심해졌다.

이런 상황에서 북한의 수상 김일성은 비밀리에 소련과 중국을 방문하여 양국으로부터 남한을 적화통일하려는 전쟁 지원을 약속받았다. 북한은 소련으로부터 전투기와 탱크 등의 무기를 지원받아 막강한 군사 장비를 갖추게 됐다. 이어 중국으로부터는 중국 내에서 활동하던 한국인 출신 3개 사단 규모의 군부대를 지원받아

서울에 들어온 북한 인민군

더 알아보기

애치슨 라인

애치슨 라인이란 1950년 1월, 미국 국무장관 애치슨이 언급한 극동 방위선을 말한다. 애치슨은 소련과 중국의 야심을 저지하기 위해 태평양에서의 미국의 방위선을 알류산 열도–일본–오키나와–필리핀을 연결하는 선으로 정한다고 발표하였다. 하지만 이는 한국을 태평양 방위선 안에서 제외한다고 오해한 북한에게 남침의 빌미를 제공하기도 하였다.

북한의 조선인민군에 합류하도록 했다. 그 결과 북한의 군사력은 남한에 비해 2배나 되는 20여 만 명에 이르렀고, 보유한 무기의 성능 또한 월등했다. 이처럼 북한은 한반도 전체를 공산화하려는 목표를 세웠고, 빠르게 군사력을 키워가며 전쟁을 준비했다.

1950년 6월 25일 새벽 4시, 마침내 북한은 38도선을 넘어 전쟁을 일으켰다. 이리하여 6·25 전쟁이 시작되었다. 서울과 춘천, 동해안 일대를 중심으로 군사력을 집중 투입한 북한은 군사력에서 남한과는 비교가 되지 않을 만큼 강했고, 국군은 속수무책으로 밀릴 수밖에 없었다. 북한군은 특히 전차와 탱크 부대를 운용하며 압도했는데, 국군은 한강 다리를 끊고 이들이 한강 이남 지역으로 건너오지 못하도록 저지하는 전략을 썼다.

북한군은 파죽지세로 밀고 내려와 전쟁 개시 3일만에 서울을 점령했다. 한강 다리 폭파로 피난가지 못하고 서울에 남게된 사람들은 큰 시련을 겪게 되었다. 북한군은 서울에 이어 대전을 점령했고, 전쟁을 일으킨 지 불과 1개월 뒤인 7월 말에는 낙동강 근처까지 진격했다. 정부는 부산으로 옮겨가고 국군은 낙동강 아래 포항, 진주 등을 최후 방어선으로 하여, 필사적으로 북한군에 맞서 싸웠다.

6·25 전쟁이 일어나자 미국이 소집한 국제 연합(UN)에서는 북한의 공격이 명백한 침략 행위임을 선언하고, 한국에 군사적 도움을 제공하기로 했다. 이에 미국을 주축으로 한 16개국이 국제 연합군(UN군)을 만들고 미국의 맥아더를 총사령관으로 임명해 한국에 파견했다.

1950년 9월 15일, 국군과 미군이 주축이 된 국제 연합군은 인천 상륙 작전

부산 임시 수도 정부 청사(부산 서구)
현재는 동아대학교 박물관으로 사용되고 있다.

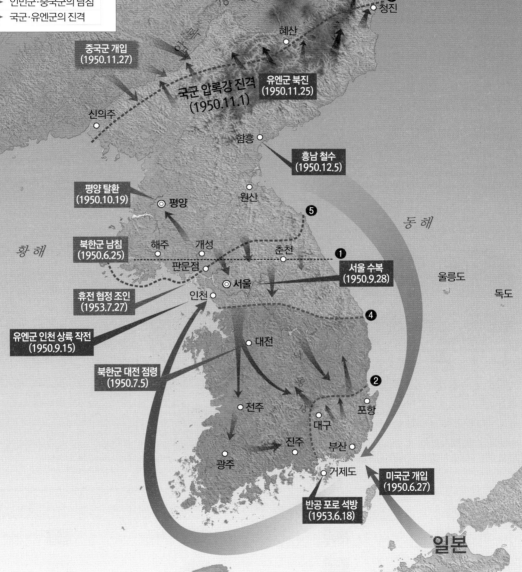

6·25전쟁 전개도

❶ 38선
❷ 북한 인민군 최대 남침선
❸ 유엔군 최대 북진선 (1950.11.25)
❹ 중국군 최대 남침선
❺ 휴전 협정 조인 (1953. 7.27)

→ 인민군·중국군의 남침
→ 국군·유엔군의 진격

만주

소련

백두산

청진 ❸

혜산

중국군 개입
(1950.11.27)

국군 압록강 진격
(1950.11.1)

유엔군 북진
(1950.11.25)

신의주

함흥

흥남 철수
(1950.12.5)

평양 탈환
(1950.10.19)

평양

원산

황 해

북한군 남침
(1950.6.25)

해주

개성

춘천

동 해

판문점

❺

❶

서울 수복
(1950.9.28)

울릉도

독도

휴전 협정 조인
(1953.7.27)

인천

서울

유엔군 인천 상륙 작전
(1950.9.15)

❹

대전

북한군 대전 점령
(1950.7.5)

전주

포항

❷

대구

진주

부산

광주

거제도

미국군 개입
(1950.6.27)

반공 포로 석방
(1953.6.18)

일본

미군이 뿌린 삐라(1950년 3월 1일)
북한군을 소련군의 꼭두각시로 묘사하고 있다.

을 계기로 반격을 시작했다. 인천 상륙 작전의 성공으로 9월 28일 수도 서울을 되찾게 되었다. 배후가 끊긴 북한군은 후퇴했고, 국군과 유엔군은 그 여세를 몰아 10월 1일 38선을 넘어 평양으로 진격했다. 10월 말에는 압록강과 두만강 가까이 진격하여 북한군을 모두 몰아내고 통일을 눈앞에 두는 듯했다.

그러나 국군과 유엔군이 만주 지역까지 진격할 것을 우려한 중국은 대규모의 군대를 보내 북한을 지원했다. 중국군이 참전하자 국군과 유엔군은 통일을 눈앞에 두고도 다시 물러날 수밖에 없었다. 특히, 미 해병사단이 장진호 북쪽으로 진출하여 2주간 중공군 사단과 충돌하여(장진호 전투) 고통을 겪기도 하였

인천 상륙 작전을 지휘하는 맥아더 유엔군 총사령관

연합군의 평양 입성 경축 퍼레이드

🇺🇳 국제 연합(UN)군

🇺🇸	미국	🇿🇦	남아프리카 공화국	🇳🇱	네덜란드	🇳🇿	뉴질랜드
🇱🇺	룩셈부르크	🇧🇪	벨기에	🇹🇷	터키	🇬🇷	그리스
🇬🇧	영국	🇪🇹	에티오피아	🇵🇭	필리핀	🇹🇭	타이
🇫🇷	프랑스	🇨🇴	콜롬비아	🇨🇦	캐나다	🇦🇺	호주

으나 함흥 지역으로 철수하여 후퇴를 도왔다. 이를 '1·4후퇴(1951년)' 라고 한다. 중국군의 개입으로 한반도 북쪽 지역을 다시 빼앗긴 뒤부터 양측의 군대는 38도선 부근에서 밀고 밀리는 전투가 오랫동안 계속 됐다.

전쟁이 장기화되자 소련 측에서 먼저 휴전을 제의했다. 미국 또한 더 이상 전쟁이 확대되는 것을 원치 않았기 때문에 소련의 제의를 받아들였다. 그러나 이승만 대통령은 남북 통일을 이루지 못하고 휴전을 할 수는 없다고 반대했다.

한국 정부와 국민의 휴전 반대에도 불구하고 미국과 소련은 휴전 협상을 벌렸다. 서로의 의견 차이로 휴전 협상은 결론을 내리지 못한 채 2년 동안 지루한 줄다리기 양상을 보였다. 휴전 협상 중에도 38도선 부근에서의 전투는 계속되어 많은 희생이 있었다.

미국은 이승만 대통령에게 한·미 상호 방위 조약과 향후 경제적 지원 등을 약속하며 휴전할 것을 설득했다. 전쟁이 시작된 지 3년 만인 1953년 7월 27일 마침내 정전(휴전) 협정이 체결됐다. 그리고 이 상태는 오늘날까지 이어지고 있다. 아직까지 휴전 상태이기 때문에 한반도에서 언제 다시 전쟁이 일어날지 모르는 상황에서 살고 있는 셈이다.

3년 동안 지속된 6·25 전쟁으로 남과 북은 막대한 피해를 입었다. 남

휴전
전쟁을 일정 기간 멈추기로 서로 합의하는 것을 의미한다.

한·미 상호 방위 조약 (1953년 10월 1일)
한국과 미국 간의 군사 동맹을 맺는 것으로서 전쟁과 같은 유사시에 미군이 우리나라를 도와 신속히 대처할 것을 약속하는 조약이었다. 이 조약은 오늘날까지도 유효하다.

폭파된 대동강 철교를 건너 남하하는 북한 주민들(1951년 1월)

정전 협정서에 서명하는 유엔군 대표 클라크 장군(사진 왼쪽에서 두 번째 1953년 7월 27일)

전쟁으로 폐허가 된 중앙청 앞 모습(1950년 11월)

인천 상륙 작전 기념관 경내에 있는 자유수호의
탑(인천)

전쟁 고아

북한을 합쳐 수백만 명이 죽거나 다쳤고, 수 많은 이산 가족과 전쟁 고
아가 발생했다. 또한 남한과 북한을 돕고자 전쟁에 참여한 유엔군과 중
국군 중에도 많은 사람이 6·25 전쟁으로 희생됐다.

전쟁 중에는 군에 의한 민간인 학살 사건이 일어나기도 했다. 북한군
은 남한을 점령하여 인민 재판을 열어 자본가, 군인, 경찰과 그 가족들
을 처형하기도 했다. 국군 또한 전쟁 중에 북한군에 협력할 수밖에 없었

거창 양민 학살 사건 위령비(경남 거창)
6 · 25 전쟁 중 거창군 신원면 일대에서 공비를 토벌하던 국군이 이곳 청장년을 무차별 학살했다.

대전형무소 망루(대전)
6 · 25 전쟁 기간 좌 · 우익이 번갈아 교
도소를 장악하면서 상호간의 학살이 있던
곳이다.

부산 유엔 기념 공원 전경(부산 남구)
6 · 25 전쟁에 참전하여 순국한 국제 연합군의 묘역이다.

던 주민들을 공산주의자로 몰아 처형하기도 했다.

물질적 손실도 엄청나서 주택, 도로를 비롯한 철도, 교량 등 사회 시설이 거의 파괴되어 폐허가 됐다. 남한은 많은 공장이 파괴되어 엄청난 경제적 손실을 입었다. 북한 또한 주요 산업 시설 대부분이 국제 연합군의 공격으로 잿더미가 됐다. 전쟁으로 인해 국토의 대부분이 폐허가 되면서 농사짓기 조차 어려워졌고 이에 식량 부족이

40계단(부산 중구)
피란민들이 몰려 판자촌을 이루며 살았고, 그들의 생계를 위한 미군의 구호물자를 내다 팔거나, 헤어진 가족들을 만나던 장소로 유명한 곳이다.

더 알아보기

임시 수도 부산의 6·25 전쟁 흔적

6·25 전쟁 당시 북한에게 수도 서울을 빼앗긴 상황에서 우리나라의 임시 수도는 부산이었다. 당시 부산은 1차(1950년 8월 18일~10월 27일), 2차(1951년 1월 3일~1953년 8월 15일) 2번에 걸쳐 임시 수도 역할을 했다. 1950년 6·25 전쟁이 일어나자 정부는 6월 27일 대전으로, 7월 16일 대구로, 8월 18일 부산으로 수도를 옮겼다. 이후 1950년 9월 15일 인천 상륙 작전으로 전세가 역전되자, 1차 임시 수도로서 부산의 역할은 70일만에 끝이 났다. 하지만 중국군의 전쟁 개

대통령 관저(부산)
임시 수도에 있던 이승만 대통령 관저이다. 현재 임시수도 기념관으로 쓰고 있다.

입(1·4 후퇴)으로 다시 서울을 빼앗기자 다시 임시 수도가 된 부산은 이후 휴전 협정 체결로 다시 서울로 환도할 때까지 1차 때보다 훨씬 길게 2차 임시 수도로서 역할을 감당했다.

부산에서는 정치적으로도 여러 사건이 있었다. 이승만 정부는 발췌개헌안을 강제로 통과시키며 계엄령을 선포하여 민주주의를 후퇴시키기도 했다. 1951년 휴전 협정이 시작되면서부터는 임시 수도 부산의 정부청사 앞에서 매일같이 휴전 협정 반대 시위가 일어나기도 했다.

극심하여 대부분의 사람이 굶어야 했다. 도시에는 일거리를 찾아 헤매는 실업자들이 넘쳐났고, 그들은 집 없이 길거리를 전전하며 생활할 수밖에 없었다.

이처럼 6·25 전쟁은 우리 민족 최대의 비극적인 사건이었고, 지금까지도 우리나라는 세계 유일의 분단국가로 남아 있다. 6·25 전쟁은 다른 나라도 아닌 우리 민족 간에 일어난 전쟁이어서 더욱 참혹하고 안타까운 사건이다.

전쟁 이후 수많은 이산 가족이 아직까지도 가족을 만나지 못하고 있고, 전쟁 중 가족을 잃은 사람들이 평생동안 그 아픔을 간직한 채 살아가고 있다. 그러나 무엇보다도 가슴 아픈 것은 지금까지도 휴전선을 사이에 두고 서로를 믿지 못한 채 같은 민족끼리 총뿌리를 겨누고 있다는 사실이다. 하루 빨리 통일이 이루어져서 같은 민족끼리 전쟁을 벌이는 일이 더 이상 생기지 않아야 한다.

이산가족
이산 가족이란 전쟁으로 인해 남과 북에 떨어져 살게 된 가족들을 의미한다.

더 알아보기

한국방송공사(KBS) 특별 생방송, "이산 가족을 찾습니다"

6·25 전쟁과 남북 분단의 과정에서 남한과 북한으로 흩어져 서로 만날 수 없게 된 이산가족 문제가 발생했으며, 이것은 분단이 가져온 가장 커다란 비극적 상황으로 여겨졌다. 이에 한국 방송 공사는 1983년 6.25 전쟁의 휴전 협정 30주년을 맞이해 '이산 가족을 찾습니다'라는 특별 생방송을 기획해 그해 6월 30일 저녁 10시 15분부터 방송을 시작했다. 처음에는 7월 1일 새벽 1시까지 3시간 정도만 방영할 예정이었으나, 이산 가족을 찾는 행렬이 물밀듯이 몰려들자 모든 정규 방송을 취소하고 5일 동안 계속해서 생방송을 진행하였다. 78%의 엄청난 시청률을 기록하기도 했던 이 생방송은 이후 11월 14일 새벽 4시까지 무려 138일에 걸쳐 453시간 45분 동안 계속되었다. 이러한 이산 가족 상봉 방송에 총 10만 952건의 이산 가족이 신청하고 5만 3천 536건이 방송에 소개되어 1만 189건의 이산 가족이 상봉하였다. 대한민국뿐만 아니라 전 세계를 놀라게 한 이 '상봉 사건'의 기록물은 2015년 10월 9일 유네스코 세계 기록 유산(Memory of the World)에 등재되었다. 남한과 북한의 이산 가족의 문제는 전 세계가 관심을 가지고 지켜보는, 세계에서 유래를 찾기 힘든 민족의 비극사가 아닐 수 없다.

02 민주주의가 발전하다

국립 4·19 민주 묘지 기념탑(서울 강북)

5·18 민주화 운동 국립묘지(광주)

1. 4·19 혁명이 일어나다

민주주의란 국민이 나라의 주인이 되어 직접 나라의 정치에 참여하는 것이라는 의미를 담고 있다. 1948년 8월 15일 대한민국을 민주주의 국가로 선포함으로써 지금껏 우리나라는 국민이 나라의 주권을 가지는 민주주의를 발전시켜 왔지만, 그 과정에서 많은 시련을 경험해야만 했다. 하지만 그때마다 민주주의를 지키기 위해 나선 것은 언제나 국민들이었다.

1948년 초대 대통령에 임명된 이승만은 점점 국민들의 지지기반을 잃어갔다. 과거 대한민국 임시 정부의 초대 대통령이면서 독립운동가이기도 했던 그는 1948년 반민족 행위 특별 조사 위원회의 친일파 청산 작업에 비협조적이고 소극적인 모습을 보이면서 국민들을 실망시켰고, 가장 시급한 문제였던 농지개혁 또한 국민들의 기대에 미치지 못하였다.

이러한 국내의 분위기 속에서 대통령에 재선되기 힘들다고 판단한 이승만은 이때부터 자신의 권력을 유지하기 위해 온갖 부정한 방법을 동원하기 시작했다. 민주주의 원칙에 어긋나는 일들이 벌어지기 시작한 것이다.

이승만은 장기 집권을 하기 위해 헌법을 임의로 바꾸기도 했다. 선거가 자신에게 불리하다고 판단될 때마다 자신에게 유리하도록 헌법을 바

재선
국민들의 투표로 다시 한번 대통령에 뽑히는 것을 의미한다.

반민족 행위 특별 조사 위원회(반민특위)에 체포되어 법정으로 끌려가는 친일 혐의 인사들
광복 이후 친일파를 모두 처벌해야 했지만 미군정이 인재 부족을 이유로 일제의 식민 통치 기구에서 일하던 관리와 경찰을 그대로 등용하여 일하도록 함으로써 친일 세력이 다시 자리를 잡았다. 이에 1948년 대한민국 정부 수립 이후 반민족 행위 처벌법을 제정하여 반민족 행위 특별 조사 위원회(반민특위)를 구성하고 친일파를 모두 찾아내어 처벌하려고 했다. 하지만 반민특위는 이미 경찰 요직에 자리 잡은 친일파들의 방해와 이승만 정부의 비협조로 친일파 청산이라는 사명을 이루지 못한 채 끝나고 말았다.

간첩 혐의

북한을 도와 내란을 일으키려
는 북한의 첩자라는 혐의를 씌
우는 것을 의미한다. 당시 진보
당의 조봉암 후보가 1956년 제
3대 대통령 선거에서 30% 득
표라는 높은 지지율을 얻자 자
신에게 위협이 된다고 생각한
이승만은 조봉암에게 간첩 누
명을 씌워 국가보안법 위반으
로 처형했다.

꾸어서라도 대통령이 되려고 한 것이다. 방해가 된다고 판단되는 사람
에게는 간첩 혐의를 씌워 처형하기도 했는데, 조봉암이란 인물이 그 예
이다. 게다가 자신에게 비판적인 단체나 언론사도 마찬가지로 탄압했다.

이승만은 12년 간이나 대통령을 하면서 독재 정치를 했고 정부의 부
정부패가 점차 심해지자 대통령에 대한 국민들의 불만과 분노가 높아
져만 갔다. 결국 1960년 3월 15일 이승만과 자유당 정권은 자신들의 권
력을 유지하기 위해 부정 선거까지 하기에 이르렀다. 그들은 경찰·공무
원 등을 총동원하는 한편 투표소 안에서 표 바꾸기, 투표함 바꿔치기 등
을 시도했고 심지어 투표결과를 조작하여 92%의 높은 득표율을 얻기
도 했다. 하지만 이는 모두 조작된 것이나 다름 없었고 이번에는 국민들
이 가만히 있지 않았다.

1960년 4월 11일 마산에서 부정 선거에 맞서 시위가 일어났다. 이는 3
일 동안 2만여 명의 시민들이 참여했는데 경찰은 이를 총과 최루탄으로
무자비하게 진압했다. 마산의 시위는 북한의 공산주의 세력이 일으킨
것이라는 거짓말을 둘러대며 이를 무마하려 했다. 이에 국민들의 분노
가 극에 달했고 시위가 전국으로 확산됐다.

발췌개헌안 통과(1952년)
1952년 제3대 국회에서 통일된 정부 수립을 주장하던 남북 협상파들이
다수 당선되어 간선제로 대통령에 뽑힐 가능성이 희박하자 국민들이 직
접 대통령을 뽑는 직선제로 헌법을 마음대로 바꾸었다. 이를 발췌개헌안
이라고 한다.

재판에 회부된 조봉암
1956년 실시된 대통령 선거에서 진보당의 조봉암이 216만 표를 얻어 이
승만의 장기 집권에 큰 위협이 되자, 이승만 정부는 조봉암(앞줄 오른쪽)
을 간첩 혐의로 사형에 처했다. 그러나 2011년 1월 대법원에서 간첩죄와
국가보안법 위반 등의 혐의에 대해 무죄 판결을 내렸다.

1960년 4월 19일, 전국의 대학
생들과 여러 국민이 "3·15 부정
선거 다시 하라!", "이승만 정권
물러가라!" 라는 구호를 내걸고
시위를 일으켰는데, 이를 4·19 혁
명이라고 한다.

국립 3·15 민주 묘지(경남 창원)
1960년 3월 15일 자유당 정권의 장기 집권 야욕의 수단으로 자행된 부정선거에 항거하여
싸우다 희생된 영령들의 넋이 잠든 곳이다.

4·19 혁명이 일어나자 이승만
정부는 경찰과 군대까지 동원하
여 이를 진압하려고 했다. 그 과
정에서 경찰이 시위대에 총을 쏘
는 극한 상황까지 벌어져 수많은 사람이 목숨을 잃기도 했다. 이러한 소
식이 전해지자 국민들은 더욱 분노했고, 이승만 정부의 부정과 독재에
격렬히 반대하며 대통령의 하야를 요구했다.

하야
대통령직에서 물러나는 것을
의미한다.

이승만 대통령은 국민들의 압력에 의해 대통령 자리에서 물러날 수밖
에 없었다. 이처럼 4·19 혁명으로 인해 국민들은 민주주의를 다시 되찾
아 올 수 있었다. 4·19 혁명은 학생과 시민이 중심이 되어 독재 정권을

각 대학 교수단의 시위
"학생들의 피에 보답하라."라는 구호를 내걸고 국회 앞으로
행진 시위를 벌이고 있다.

태극기를 들고 경무대로 향하는 시위대

근대~현대

189

대통령직에서 물러나 이화장으로 떠나는 이승만

장면 내각의 기자 회견(1961년 2월)

무너뜨린 민주주의 혁명이었고, 이후 전개된 민주화 운동의 밑거름이 됐다.

이승만의 자유당 정권이 무너지자 다시 공명하게 선거를 하게 됐다. 선거 결과 그동안 이승만의 자유당에 대항하던 민주당이 압도적인 표차로 당선됐고 이들은 윤보선 대통령, 장면 국무총리를 중심으로 의원 내각제의 국가를 건설하려고 했다. 하지만 민주당은 이승만 정부의 부정 선거 관련자들을 제대로 처리하지 못하고 오히려 내부 갈등으로 인해 정치적인 안정을 이루지 못하며 국민들의 신뢰를 잃었다.

1961년 5월 16일, 박정희를 중심으로 한 일부 군인들이 무력으로 정권을 빼앗는 사건이 일어나게 됐다. 이를 5·16 군사정변이라고 한다. 이들은 사회 혼란과 무질서, 정부의 무능력 등을 구실로 탱크를 앞세우고 한강 다리를 건너 서울 시내로 진입해 들어왔다. 그리고 순식간에 중앙 정부를 점령하고 정권을 장악했다.

이후 박정희 정권은 정치, 경제, 사회 개혁을 강력하게 추진했다. 반공 정책과 함께 경제 개발을 최우선 과제로 삼고 경제 성장 정책을 적극적으로 추진하여 많은 발전을 이루어내기도 했다. 하지만 그 과정에서 권력을 유지하기 위해 언론의 활동을 탄압하고 정치인들의 활동을 금지시키기도 했으며, 권력 독점을 위해 헌법을 바꾸는 등 독재 정치를 펼쳐 민주주의의 발전을 해치기도 했다.

5·16 군사 정변의 주역
박정희 소장을 중심으로 육사 8기생들이 주도했다.

2. 유신 체제가 수립되고 5·18 민주화 운동이 일어나다

1) 유신 체제가 수립되다

헌법을 개정하면서까지 오랫동안 대통령을 하려고 하던 박정희 정부는 1970년대 초, 다시 한번 헌법을 바꾸고 대통령에 장기집권할 수 있는 체제를 마련했는데 이를 '유신 체제'라고 한다. 박정희 정부는 한국적 민주주의의 실현이라는 미명하에 유신 헌법을 마련했다. 유신 헌법은 대통령 1인에게 강력한 통치권을 부여했다. 대통령 또한 국민들이 직접 뽑지 않고 통일주체 국민회의라는 곳에서 선출할 수 있도록 했다. 통일주체 국민회의는 대통령 선거뿐만 아니라 국회의원 정수의 1/3 선출, 헌법 개정안의 최종 확정 등 막강한 권력을 행사했다. 이와 더불어 대통령에 대한 중임 제한까지 없애면서, 박정희는 계속해서 대통령직에서 물러나지 않아도 됐다.

유신 헌법에 따라 대통령은 비상계엄을 선포하고 국회를 해산할 수도 있었다. 그리고 국민의 반대를 강제로 억누르기 위해 대통령이 긴급조치라는 헌법보다 더한 권력을 가지게 함으로써 유신 헌법에 반대하는 사람들을 체포하고 감옥에 가두었다. 이처럼 박정희 정부는 독재 정치를

중임 제한
한번 대통령직을 했던 사람이 또다시 대통령에 당선되지 못하도록 제한하는 것이다. 이를 없애면서 임기가 끝나도 또 다시 대통령이 될 수 있도록 한 것이다.

비상계엄
전쟁이나 사회혼란 등의 국가비상사태 시에 대통령의 권한으로 군대를 동원하여 치안을 유지하도록 하는 것을 의미한다. 이는 국민들을 공포 정치로 다스리고 억압하기 위한 도구로 악용되기도 했다.

긴급조치
단순한 행정 명령 하나만으로 국민의 자유와 권리에 대하여 제한을 가할 수 있는 초헌법적 권한이다. 유신 체제에 반대하는 사람들에 대한 탄압 도구로 악용됐다.

유신 헌법 공포식(1972년 12월 27일)

통일주체 국민회의에서의 대통령 선거(1972년)
통일주체 국민회의에서의 대통령 선거 결과 단독 입후보한 박정희 후보가 대의원 2,359명 중 2,357명의 찬성으로 대통령에 당선됐다.

위한 체제를 굳건히 했다.

유신 체제에 따라 국민이 주권을 가지는 민주주의 국가로서의 모습은 사라지고, 민주주의가 심각하게 위협받게 됐다. 이에 유신 체제에 반대하는 국민적 저항이 점점 커졌고, 곳곳에서 민주화 운동을 위한 시위가 일어났다. 하지만 그때마다 대통령은 긴급조치를 발동하여 이러한 민주화 운동을 탄압했다.

2) 10.26 사태로 유신 체제가 붕괴하다

박정희는 1978년 또 다시 대통령에 선출됐고, 이는 군사 정변으로 권력을 장악한지 18년째 되는 해였다. 이처럼 오랫동안 대통령직이라는 국가 최고의 권력을 놓지 않고 독재 정치를 펼치던 박정희 정부는 뜻밖의 사건으로 그 막을 내리게 됐다.

1979년 10월 26일 박정희 대통령이 그의 부하인 중앙정보부장 김재규에 의해 총을 맞아 피살되는 충격적인 사태가 발생한 것이다. 박정희 대통령이 피살되면서 유신 체제가 무너졌고, 사회가 혼란스러워지자 국무총리를 중심으로 정부는 나라를 안정시키기 위해 노력했다.

박정희 대통령 서거
(동아일보 1979년 10월 27일자)

궁정동 만찬 석상에서 김재규 중앙정보부장이 박정희 대통령을 시해하는 현장 검증

3) 5·18 민주화 운동이 일어나다.

1979년 12월 12일 전두환을 중심으로 한 신군부 세력이 정부가 혼란한 틈을 타 불법적으로 정권을 차지했다. 이들은 박정희 정부가 군사 정변을 일으켰을 때와 마찬가지로 군인들을 이끌고 무력으로 정부를 장악한 것이다. 이를 '12·12 사태'라고 한다.

대부분의 국민은 유신 체제가 무너지며 민주주의 국가로서의 모습을 다시 찾을 수 있을 거라 생각했다. 그러나 우리나라의 민주주의는 또 다른 군인 세력으로 인해 다시 한번 아픔을 겪어야만 했다. 이에 전국에서 민주화 이행을 요구하는 대규모 시위가 일어났다. 서울에서는 1980년 5월 14일부터 대규모 학생 시위가 벌어지며 수많은 인파가 서울 시내를 가득 채우기도 했다. 하지만 전두환의 신군부 세력은 전국에 비상계엄

5.18 민주화 묘역(광주)
많은 무고한 시민들이 신군부에 의해 희생되었다.

더 알아보기

5 · 18 민주화 운동 기록물 (2011년)

1980년 5월 18일부터 27일까지 광주를 중심으로 전개된 민주화를 요구하는 시민들의 일련의 활동과 이후에 이 사건의 책임자 처벌, 피해자 보상과 관련하여 기록되고 생산된 문건, 사진, 영상 등의 자료를 총칭해서 말한다. 5·18 민주화 운동은 한국의 민주화에 큰 전기가 됐다.

제12대 전두환 대통령 취임 선서(1981년 3월)

을 선포하며 이를 진압하려 했다. 이들은 비상계엄을 통해 박정희 정부가 그랬던 것처럼 국회를 폐쇄하고 정치 활동을 금지했으며, 학생들이 시위를 일으키지 못하도록 휴교령을 내리고 언론을 감시했다.

전두환의 신군부 세력이 비상계엄을 통해 민주화 운동을 탄압하자, 1980년 5월 18일 광주에서는 학생들을 중심으로 비상계엄 해제, 민주주의 인사 석방 등을 요구하며 대규모 시위가 일어났다. 이것이 바로 5·18 민주화 운동의 시작이었다.

전두환의 신군부 세력은 군인들을 투입해 이를 무자비하게 진압했고, 이에 분노한 시민들이 시위 대열에 합류함으로써 그 규모가 점점 커지기 시작했다. 결국 시위는 광주 전체로 확산됐고, 군인들이 쏜 총에 부상자가 속출하자 시민들은 파출소 등에 있던 무기로 무장하면서 시위가 격렬해지기 시작했다.

그러나 전두환의 신군부 세력은 정부는 오히려 광주의 시위대를 사회 혼란을 일으키는 불순분자라고 규정하고 중무장한 공수부대를 계엄군으로 투입해 무자비하게 민주화 운동을 진압했다. 이에 수많은 사상자가 발생했고 10일 간의 5·18

서울의 봄(1980년 5월 15일)
우리 국민들이 서울역 앞에서 '유신 철폐'와 '계엄 해제'를 요구하며 대규모 시위를 벌였다.

12·12 군사 반란을 일으킨 신군부 세력(1979년 12월)

민주화 운동은 끝나게 됐다. 5·18 민주화 운동은 당시 '일부 지역에서 일어난 사회 불순분자들의 반란'이라고 알려져 있었지만, 이후 민주 정부가 들어서고 그 진실이 낱낱이 밝혀지면서 민주화 운동으로서 공식으로 인정받게 됐다. 이처럼 우리 국민들의 민주화 운동은 험난한 시련의 연속이었다. 결국 5·18 민주화 운동은 실패로 돌아갔지만 이는 이후에 벌어진 민주화 운동에 영향을 주었고, 국민들의 민주주의 의식이 싹트는 계기가 되었다.

3. 6월 민주 항쟁, 시민 주권 시대를 열다

5·18 민주화 운동을 무자비하게 탄압한 전두환은 얼마 뒤 대통령에 선출됐다. 하지만 이는 국민들이 직접 뽑은 것이 아니었다. 전두환은 1980년 유신 체제하의 통일주체 국민회의에서 제11대 대통령으로 선출된 뒤, 다시 헌법의 일부를 수정하여 통일주체 국민회의와 비슷한 대통령 선거인단을 조직했다. 그들에 의해 제12대 대통령으로 선출되었기 때문에 정권에 정통성이 없는 독재 정치나 다름없었다.

전두환 정부는 군 장교들을 정부 기관과 주요 관공서 등의 중요한 자리에 앉히고 무력을 동원한 강압적인 통치를 시작했다. 민주화 운동을 탄압하고 언론의 활동을 통제했으며, 삼청교육대를 설치하여 무고한 사람들을 강제로 끌고 가 군대식 훈련과 노동을 강요하는 등 사회 통제를 강화했다.

전두환 정부는 국민들을 독재로 통제하고 온갖 비리와 부정부패를 저질렀다. 국민들은 정부에 대한 저항 의식이 점점 강해지기 시작했고 민주주의에 대한 열망은 높아져 갔다. 그리하여 박종철 고문치사 사건이 일어나고 시위 중인 이한열이 죽자 많은 시민이 분노하게 되었다. 그리하여 결국 1987년 6월, 4·19 혁명 이후 최대 규모의 수많은 국민이 민주주의를 외치며 들고 일어나게 됐다. 이를 6월 민주 항쟁이라고 한다.

6월 민주 항쟁에 참여한 시민, 학생들은 민주주의 쟁취, 독재 정권 타도 등을 외치며 격렬하게 시위를 벌였다. 당시 민주정의당 대통령 후보였던 노태우는 국민들의 민주화 요구를 받아들여 직선제 개헌을 받아들이는 이른바 6·29 민주화 선언을 발표했다.

이 선언이 계기가 되어 국회에서는 5년 단임의 대통령 직선제 헌법을 의결하고 국민 투표로 확정했다. 이제는 국민들이 자기 손으로 대통령을 뽑는 대통령 직선제가 부활한 것이다. 개정된 헌법에 따라 대통령 선거가 실시되었고, 야권이 분열함에 따라 노태우가 대통령으로 당선됐다.

이후 국회가 여소야대의 정국 상황에서 이루어진 5공 청문회를 통해 전두환 일가의 부정과 비리가 드러남에 따라 전두환은 백담사로 거처를 옮겨야 했다. 김영삼 정부에 이르러 전두환, 노태우 등 신군부 세력은

6월 민주 항쟁(1987년)
전두환 정부는 대통령 간접선거를 그대로 유지한다는 내용의 4.13 호헌 조치를 발표했고, 국민들은 이에 반발하여 1987년 6월 민주 항쟁을 벌였다. 6월 민주 항쟁은 6월 10일을 정점으로 20여 일 동안 국민들이 전국에서 시위를 일으킨 사건으로, 대통령 직선제와 민주화를 요구하며 전두환 정권을 물러나게 만드는 결정적인 계기가 됐다.

참 한국사 이야기

12·12 군사 반란과 5·18 민주 항쟁을 무력으로 진압하는 과정에서 무고한 시민학생들을 학살한 혐의 등으로 법정에서 사형, 무기 징역 등의 판결을 받고 단죄되었으나 나중에 사면되었다.

6월 민주 항쟁은 국민의 힘으로 독재 정치를 타도하고 반민주적인 헌법을 개정하도록 함으로써, 오늘날 한국 민주주의 발전의 기틀을 다지는 사건이었다. 그 결과 우리나라는 현재 민주주의 국가로서 국민의 권리를 누리며 살아갈 수 있게 됐다.

백담사 전두환 거처(강원 인제)

우리나라 헌법 개정 과정

순서	연도	내용
1차	1952	발췌 개헌(대통령 간선제에서 직선제로 개헌)
2차	1954	사사 오입 개헌(초대 대통령에 한해 중임제한 철폐)
3차	1960	4.19 혁명 결과 내각제로의 개헌
4차	1960	3 · 15 부정 선거 관련자 처벌
5차	1962	5 · 16 군사정변 이후 의원내각제를 대통령중심제로 개헌
6차	1969	3선 개헌(박정희 정부의 장기집권을 위한 개헌)
7차	1972	유신헌법 개헌(통일주체 국민회의에서 대통령 선출)
8차	1980	전두환 정부 개헌(대통령 7년 단임제로 선거인단에 의해 선출되는 간선제로 바뀜)
9차	1987	6월 민주 항쟁으로 인한 개헌(대통령을 국민이 직접 뽑는 직선제 부활)

03

경제 발전을 이루고, 사회·문화의 변화가 나타나다

대한민국 수도 서울의 발전된 모습
6.25 전쟁(1950년)의 폐허를 딛고, 경제 대국으로 성장하는 '한강의 기적'을 이룩했다.

1. '한강의 기적'을 이룩하다

6·25 전쟁은 끝났으나, 전쟁이 남긴 상처와 함께 산업 시설의 대부분이 파괴되어 큰 고통을 겪게 됐다. 전쟁으로 집 없이 떠도는 사람과 먹을 것이 없어 굶는 사람들이 많아졌다. 이에 정부는 전쟁으로 폐허가 된 국토를 복구하고 경제를 일으켜 세우는 데 온 힘을 기울였다. 미국을 비롯한 국제 사회의 도움도 큰 힘이 됐다. 당시 미국의 원조는 배고픔에 허덕이는 우리 국민에게 중요한 역할을 했다. 밀가루(제분), 설탕(제당), 면방직(면화)의 삼백 산업이 발달하게 된 것도 미국의 경제 원조를 배경으로 한 것이다.

6·25 전쟁 직후 실업자의 모습

1960년대 박정희 정부는 우리나라의 경제 발전을 위해 제 1차 경제개발 5개년 계획을 본격적으로 추진했다. 당시 우리나라는 가난했고 기술도 부족하여 어려움이 많았지만, 국민들의 땀과 노력으로 많은 발전을 이룰 수 있었다. 박정희 정부는 1967년에도 제2차 경제 개발 5개년 계획을 추진했고, 이는 1970년대에도 제3차와 제4차 경제 개발 5개년 계획으로 계속해서 진행됐다.

원조
물품이나 돈 등을 보내어 도와주는 것을 의미한다. 당시 미국은 전쟁의 후유증으로 가난하고 힘들게 사는 우리 국민들에게 많은 도움을 주었다.

100억불 수출의 날 경축 아치(1977년)

이러한 경제 개발 계획은 1960년대에는 섬유·잡화·식품 등의 경공업 위주로 추진됐고, 1970년대 이후에는 철강·석유 화학·기계·전자·조선·자동차 등 중화학 공업을 발전시키는 방향으로 나아갔다.

정부는 산업의 발달을 뒷받침하기 위해 고속 도로를 건설하고자 했다. 1970년 경부 고속 국도를 건설하면서 전국이 '1일 생활권'이 될 수 있었다. 이후로도 교통을 발전시키기 위해 여러 곳에 고속 도로를 건설했다.

전 세계 여러 나라로 파견된 우리 국민들은 그곳에서 노동한 댓가로 외화를 벌어왔다. 독일로 파견된 광부들과 간호사들은 머나먼 이국땅에서 힘들게 일을 해야만 했다. 베트남으로 파병된 군인들은 목숨을 걸고 전쟁터에 나가 싸웠다. 원양 어업에 종사하는 사람들도 먼 바다에 나가 물고기를 잡아야 했으며 1970년대에는 중동에서 건설에 종사하기도 했다. 이들의 노력과 희생은 우리나라의 경제 발전의 밑거름이 됐다.

철강 부문에서는 포항제철소와 광양제철소가 건설되어 철강 생산강국으로 발전했고, 조선 산업 부문에서도 세계적 수준으로 성장시킬 수 있었다. 자동차 부문에서도 오늘날 생산과 수출에서 세계 5위권에 진입할 정도로 빠른 발전을 보였다. 또 오늘날 반도체 산업은 세계 최고를 기록할 정도로 발전하였다. 경제 개발 계획의 성공으로 1977년에는 100억불 수출을 기록할 정도로 우리나라는 빠른 경제 성장을 이루었다.

이처럼 우리나라는 짧은 기간 동안 큰 경제적 성장을 이룰 수 있었고, 국민들의 생활 수준도 크게 향상됐다.

2. 새마을 운동을 시작하다

1970년대 초반부터 시작된 새마을 운동은 근면·자조·협동의 기본 정신으로 삼아 전체 국민적 지역 사회 개발 운동으로 추진되었다. 새마을 운동은 정부의 절대적 지원을 받으면서 전국적으로 확대되면서, 농촌 개발 사업을 넘어 공장·도시·직장 등 한국 사회 전체의 근대화 운동으로 확대·발전하였다.

새마을 운동으로 마을길 넓히기, 초가지붕 바꾸기, 하수구 정비 등 다양한 사업들이 추진되었고. 농촌의 소득 증대 사업도 이루어졌다. 농민들의 잘 살아 보겠다는 의욕을 자극하여 농촌의 환경과 수준을 크게 바꾸고, 농촌 소득도 높아지는 효과를 가져왔다. 이후 새마을 운동은 도시와 농촌 모두의 생활을 향상시키기 위한 정신 운동으로 발전하였다. 곧 발전되지 못한 농촌을 현대적으로 바꾸는데 성공하였다고 할 수

새마을 운동 관련 자료
2013년 6월 새마을 운동 관련문서는 UN에서도 인정받은 빈곤퇴치를 위한 모범 사례이고, 국가 발전의 한 모델로서 민과 관이 협력한 성공적 사례라는 점을 높이 평가하여 유네스코 세계 기록 유산으로 등재되었다.

있다. 농촌 사회에 있었던 문제들은 짧은 기간 내에 전국적인 규모로 타파하는 데 성공한 것으로 국제적으로도 높이 평가되었다. 그래서 저개발 국가들이 우리나라로부터 배워가는 사례가 됐다.

3. 경제가 눈부시게 발전하다

우리나라는 짧은 기간 동안 큰 경제적 성장을 이룰 수 있었고, 국민들의 생활수준도 크게 향상되었다. 이러한 우리나라의 고도성장은 다른 나라 사람들은 '한강의 기적'으로 불렀다.

더 알아보기

새마을 노래

새벽종이 울렸네 새 아침이 밝았네
너도 나도 일어나 새 마을을 가꾸세
살기 좋은 내 마을 우리 힘으로 만드세

초가집도 없애고 마을 길도 넓히고
푸른 동산 만들어 알뜰살뜰 다듬세
살기 좋은 내 마을 우리 힘으로 만드세

서로서로 도와서 땀 흘려서 일하고
소득증대 힘써서 부자 마을 만드세
살기 좋은 내 마을 우리 힘으로 만드세

우리 모두 굳세게 싸우면서 일하고
일하면서 싸워서 새 조국을 만드세
살기 좋은 내 마을 우리 힘으로 만드세

경제 개발 계획의 성공과 여러 국민의 노력으로 일자리와 소득이 늘어났으며 다른 나라에 우리나라의 물건을 많이 팔게 되면서 빠른 경제 성장을 이룰 수 있었다. 근로자들은 경제 발전을 위해 국내뿐만 아니라 세계 여러 곳에서 열심히 일하는 모습을 보여주며 부지런한 한국인이라는 인상을 전 세계에 심어줄 수 있었다. 이러한 노력으로 우리나라는 전 세계에 그 유래가 없을 만큼 빠른 경제 발전을 이루어냈고 국민들의 생활 수준도 많이 향상 됐다.

그러나 한때 위기도 있었다. 1997년에 우리나라 경제가 외환 부족으로 나라가 파산할 지경이 됐다. 여러 기업이 부도가 나며 문을 닫아야 했고 갑자기 직장을 잃은 사람들은 실업자가 되어 힘든 생활을 해야 했다. 이에 정부와 기업은 여러 가지 해결 방안을 찾으려 노력했고 국제 통화 기금(IMF)의 지원을 받기도 했다. 이러한 어려운 상황에서 국민들은 합심하여 '금모으기 운동'에 적극 동참하여 나라 경제를 구하기 위해 나섰다. 이러한 국가 전체의 노력의 결과로 빠른 시간 내에 IMF로부터 받은 구제 금융 체제에 마침표를 찍었다.

포항 종합 제철 모형(경북 포항)

경부 고속 국도 개통(1970년)

한일 협정에 서명하는 박정희 대통령(1965년)

월남전 파병

서독 파견 광부들

서독 파견 간호사들

2010년부터 경제 협력 개발 기구(OECD)의 개발 원조국이 된 우리나라는 이제 어려운 나라에 도움을 주는 나라로 발전했다. 불과 50년 전에, 다른 나라의 도움을 받아야만 했던 우리나라가 이제는 가난하고 힘든 생활을 하는 다른 나라에 도움을 주는 위치에 오른 것이다.

1950년대 전쟁으로 국토가 폐허가 된 나라, 1인당 국민 총소득이 50달러에 불과한 나라에서 이제는 1인당 소득 3만 달러에 진입할 가능성이 크다. 인구 5천만 명이 넘는 경제 대국으로 성장한 것이다.

그러므로 우리는 경제 발전을 이루기 위해 과거 우리의 부모님 세대들이 피땀 흘려 노력하고 희생해야만 했다는 사실을 잊어선 안 된다.

4. 사회 변화 속에서 새로운 시대를 맞이하다

1960년대에 본격적으로 경제 개발 계획이 추진되면서 우리 사회는 농업 중심의 전통 사회에서 공업 중심의 산업 사회로 변화했다. 농업이나 어업에 종사하는 사람들이 줄어들고, 그 대신 공업이나 서비스업 부문에서 일하는 사람들이 급격히 늘어났다. 이에 따라 대도시 주변에 공업 단지가 들어섰고, 회사들도 많이 생겨났다. 농업 중심의 전통적인 사회에서 공업 중심 사회로 변화하면서 직업도 다양해졌고, 일터에서 일하는 모습도 변화하였다.

산업화 현상은 도시의 인구가 폭발적으로 증가하는 데에도 크게 영향을 주었다. 일자리를 찾기 위해 농촌의 젊은이들이 도시로 몰려들었

산업 구조의 변화

연도	1961		1971		1981		1990		2000	
	인구	생산	인구	생산	인구	생산	인구	생산	인구	생산
농림 · 어업	63.2	41.4	48.2	29.7	34.2	15.6	17.9	8.5	10.9	4.6
광공업	8.7	14.6	14.2	19.6	21.3	31.3	27.6	29.6	20.2	31.8
서비스 기타	28.1	44.0	37.6	50.7	44.5	53.1	54.5	61.9	68.9	63.6

고, 서울, 부산을 비롯한 대도시에 고층 빌딩과 아파트 단지가 들어서게 됐다. 대도시의 모습은 하루가 다르게 변화했고, 많은 고층 빌딩이 세워졌다. 자동차의 증가와 도로망의 확충 등으로 도시의 교통도 많이 발달했다.

서울은 인구 1,000만 명이 넘는 세계에서도 손꼽히는 거대 도시로 성장했다. 그 주변에는 불어난 인구를 감당하기 위해 여러 위성 도시가 생겨나기도 했다. 도시로 인구가 집중된 데에는 교육열도 한 몫을 했다. 예로부터 교육은 사회적 지위를 상승시키는 수단이라는 인식이 자리잡고 있었기 때문에 더 좋은 교육을 받기 위해 서울 등 대도시로 모여들 수밖에 없었던 것이다.

농업 사회에서 산업화 사회로 접어들었던 우리나라는 21세기 들어 지식 정보화 사회로 진입하면서 컴퓨터와 정보 통신, 인터넷 등의 발달로 눈부신 변화를 이루기도 했다. 우리나라는 컴퓨터 통신과 인터넷 환경이 우수한 국가로 대부분의 사람이 스마트폰을 소지하여 언제 어디서나 세계 여러 나라의 사람들과 자유롭게 교류할 수 있게 됐다.

그러나 대도시 주변에 자동차와 공업 단지가 급격히 증가하면서 환경 오염 문제, 교통 문제가 생겼다. 공장과 자동차의 매연은 도시의 공기를 심각하게 오염시켰고, 자동차가 증가하면서 교통 체증, 수많은 교통 사고 발생 등의 교통 문제도 매년 증가하고 있다. 도시로 인구가 집중됨에 따라 사람들이 살 곳이 부족하여 도시의 주택 가격이 오르는 등 주택 문제가 매년 가장 중요한 사회 문제로 제기되고 있다.

위성 도시
위성 도시란 인구의 대도시 집중을 피하기 위해 계획적으로 건설된 주거 중심의 소도시이다. 우리나라의 경우 서울로 인구가 너무 집중되는 것을 분산시키기 위해 서울 주변에 분당(성남), 평촌(안양), 일산(고양), 산본(군포), 중동(부천) 등의 신도시를 건설하기도 했다.

풍력발전소(강원 태백)
친환경 에너지의 생산을 위해 건설되고 있다.

산업화 이후 국민들의 생활 수준은 전반적으로 향상됐다. 그러나 잘 살고 못 사는 사람 간의 빈부 격차가 날이 갈수록 심화되면서 사회적으로 약자와 소외되는 계층이 생겨났다. 산업화와 도시화에 따라 전통적인 대가족 중심 사회에서 핵가족 중심 사회로 변화했고, 이는 독거 노인이나 육아 문제 등의 원인이 되고 있다.

의료 기술의 발달로 인한 평균 수명의 증가와 인구 정책의 실패로 노인 문제가 생겨났고, 반대로 아이를 낳지 않는 저출산 문제도 나타났다. 1990년대 중반 이후에는 출산율이 큰 폭으로 떨어지면서 신생아가 적어진 반면, 고령화가 진행되면서 노인 인구는 급격히 늘어나고 있다.

2015년에 우리나라 여성 1명당 출산율이 1.23명에 불과한데, 이는 국가의 미래 측면에서 볼 때 매우 심각한 문제이기 때문에 앞으로 정부 차원에서 이에 대한 대책을 세워야 할 것이다. 1970년대까지는 높은 출산율에 인구 억제 정책을 펼치던 정부가 이제는 출산 장려를 위한 새로운 인구 정책을 펼쳐야 하는 시대가 온 것이다.

우리나라의 경제가 발전하면서 국민들의 생활 수준도 높아지고 여러 가지가 편리해졌지만, 반면에 여러 사회 문제도 생겨났다. 앞으로 이러한 사회 문제들은 덮어둘 것이 아니라 적극적으로 해결하기 위해 노력해야만 한다.

산업화가 진행되면서 여성들의 사회 진출도 늘어났다. 산업화 초기에 여성들은 주로 공장 등에서 단순한 일을 했지만, 시간이 지나면서 점차 전문직이나 기술직에 관련된 일을 하는 여성들이 늘어났다. 이에 따라 대학 교육과 같은 고등 교육을 받은 여성들이 점점 늘어났고 여성들의 사회 의식도 높아졌다.

여성들은 종래의 남녀 차별 의식에서 벗어나 남성과 여성이 동등하다는 양성 평등 의식을 가지게 됐다. 오늘날에는 직업 선택 과정에서도 남성과 여성을 구분하는 경우가 없어졌고, 가정에서도 전통적인 가부장 의식이 사라지면서 아버지와 어머니의 역할도 크게 다르지 않은 경우가 일반적이다.

가족계획 포스터 시대별 변천사

1970년대

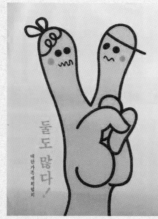

1980년대

1990년대

2000년대

시기	주요 인구 정책	표어	출산율(명)
1960년대	출산억제	덮어놓고 낳다보면 거지꼴을 못 면한다. 많이 낳아 고생말고 적게 낳아 잘 기르자.	4.64
1970년대	출산억제	딸 아들 구별말고 둘만 낳아 잘 기르자. 하루 앞선 가족 계획 십년 앞선 생활 안정	3.96 3.0
1980년대	출산억제	둘도 많다. 하나씩만 낳아도 삼천리는 초만원	2.38 1.62
1990년대	남아 선호 사상에 따른 여아 출산 장려	잘 키운 딸 하나 열 아들 안부럽다. 아들 바람 부모 세대, 짝궁 없는 우리 세대	1.64 1.55
2000년대	저출산에 따른 출산 장려	아빠 혼자는 싫어요. 엄마 동생을 갖고 싶어요. 하나보단 둘, 둘 보단 셋이 행복합니다.	1.16

04

남북의 평화 통일,
세계로 미래로
나아가다

오두산 통일전망대(경기 파주)

고성 통일전망대(강원 고성)

1. 우리의 소원은 통일

6·25 전쟁 이후 남한은 자유 민주주의를 바탕으로 자본주의 체제를 발전시켜 나간 반면, 북한은 공산주의 경제 체제를 지향하는 '북한식 사회주의'를 확립해 나갔다. 또한, 6·25 전쟁으로 인해 남북한 모두 엄청난 피해를 입었고, 이후로도 서로를 적대시하며 대립했다. 김일성 체제의 북한은 계속해서 군사력 증강에 힘쓰고 무력 도발을 자행하는 등 휴전선을 사이에 두고 무력 대결 태세를 유지했다. 그렇게 남한과 북한은 서로 다른 길을 걷기 시작했고 분단 체제는 더욱 굳어지게 됐다.

그러나 1970년대 들어 남북한 사이에 얼어붙었던 분위기가 조금씩 녹기 시작했다. 미국과 소련 사이에 화해 분위기가 조성되면서 자연스럽게 남북 관계에서도 새로운 변화를 맞이하게 된 것이다. 남한에 주둔하던 미군의 일부가 철수하자 박정희 정부는 남북한 사이의 험악했던 분위기를 완화하기 위해 남북 간에 대화를 제의했다.

북한 역시 이에 동의하며 남북 대화에 적극 응했고, 1972년 남과 북은 7·4 남북 공동 성명을 발표했다. 이 성명에서 남북한은 '자주 통일, 평화 통일, 민족 대단결'의 민족 통일 3대 원칙에 합의하고 통일 문제를 협의하기 위해 남북 조절 위원회를 구성하여 남북 대화를 진행할 것을 결정했다.

7·4 남북 공동 성명을 발표하는 중앙 정보부장 이후락(1972년 7월)

더 알아보기

7·4 남북 공동 성명(1972년)

첫째, 통일은 외세에 의존하거나 외세의 간섭을 받음이 없이 자주적으로 해결하여야 한다.

둘째, 통일은 서로 상대방을 반대하는 무력행사에 의거하지 않고 평화적 방법으로 실현하여야 한다.

셋째, 사상과 이념, 제도의 차이를 초월하여 우선 하나의 민족으로서 민족적 대단결을 도모하여야 한다.

남북 간의 대화는 1980년대 이산 가족의 상봉과 예술 공연단의 교환 방문으로 계속 이어졌다. 1990년대에는 서울에서 시작된 남북 고위급 회담이 서울과 평양을 오가며 여러 차례 진행됐다. 1991년에 국제 연합(UN)에 동시 가입한 남북한은 그해 12월 남북한 상호 체제 인정과 상호 불가침, 남북한 교류 및 협력 확대를 주요 내용으로 하는 '남북 기본 합의서'를 채택했다. 이듬해에는 핵무기를 개발하지 않는다는 '한반도 비핵화에 관한 공동 선언'도 발표했다.

남북한 통일 정책

시기	남한	북한	남북한 합의사항
1950년대	– 북진 통일(이승만 정부)	– 적화 통일	
1960년대	– 유엔 감시 하에 남북한 총선거를 통한 평화 통일(장면 내각) – 선 건설 후 통일 (박정희 정부)	– 연방제 통일 방안(1960년)	
1970년대	– 평화 통일 3대 원칙 발표(1974년)	– 고려 연방제 통일 방안(1973년)	– 7 · 4 남북 공동 성명(1972년)
1980년대	– 민족 화합 민주 통일 방안(전두환 정부) – 한민족 공동체 통일 방안(노태우 정부)	– 고려 민주 연방 공화국 창립 방안(1980년)	
1990년대 이후	– 한민족 공동체 건설을 위한 3단계 통일 방안(김영삼 정부) – 대북 화해 · 협력 정책(김대중 정부)		– 남북 기본 합의서(1991년) – 6 · 15 남북 공동 선언(2000년) – 10 · 4 남북 공동 선언(2007년)

더 알아보기

남북 기본 합의서 (1991년 12월 13일)

제1장 남북 화해

　제1조　남과 북은 서로 상대방의 체제를 인정하고 존중한다.

　제2조　남과 북은 상대방의 내부 문제에 간섭하지 아니한다.

제2장 남북 불가침

　제9조　남과 북은 상대방에 대하여 무력을 사용하지 않으며 상대방을 무력으로 침략하지 아니한다.

　제10조　남과 북은 의견 대립과 분쟁 문제들을 대화와 협상을 통하여 평화적으로 해결한다.

제3장 남북 교류 협력

　제17조　남과 북은 민족 구성원들의 자유로운 왕래와 접촉을 실현한다.

　제19조　남과 북은 끊어진 철도와 도로를 연결하고 해로, 항로를 개설한다.

남북 정상 회담(2000년)
분단 이후 처음으로 대한민국의 대통령과 조선 민주주의 인민공화국의 국방위원장이 평양에서 역사적인 대화를 나누는 장면이다.(2000년 6월 13일) 남북한의 두 정상은 6.15 남북 공동 선언을 발표하여 남북 통일의 새로운 이정표를 세웠다.

더 알아보기

6 · 15 남북 공동 선언 (2000년 6월 15일)

1. 남과 북은 나라의 통일 문제를 그 주인인 우리 민족끼리 서로 힘을 합쳐 자주적으로 해결해 나가기로 하였다.
2. 남과 북은 나라의 통일을 위한 남측의 연합제안과 북측의 낮은 단계의 연방제안이 서로 공통성이 있다고 인정하고 앞으로 이 방향에서 통일을 지향시켜 나가기로 하였다.
3. 남과 북은 올해 8·15에 즈음하여 흩어진 가족, 친척 방문단을 교환하며 비전향장기수 문제를 해결하는 등 인도적 문제를 조속히 풀어 나가기로 하였다.
4. 남과 북은 경제 협력을 통하여 민족 경제를 균형적으로 발전시키고 사회·문화·체육·보건·환경 등 제반 분야의 협력과 교류를 활성화하여 서로의 신뢰를 다져나가기로 하였다.
5. 남과 북은 이상과 같은 합의사항을 조속히 실천에 옮기기 위하여 이른 시일 안에 당국 사이의 대화를 개최하기로 하였다.
6. 김대중 대통령은 김정일 국방위원장이 서울을 방문하도록 정중히 초청하였으며 김정일 국방위원장은 앞으로 적절한 시기에 서울을 방문하기로 하였다.

평화 통일의 기반을 다지기 위한 노력은 1998년 정주영의 소떼 방북이 계기가 되어 2000년 김대중 대통령, 2007년 노무현 대통령이 평양을 방문하여 남북 정상 회담을 개최하는데까지 이르렀다. 2000년 남북 정상은 우리 민족의 통일 문제를 자주적으로 해결하자는 6·15 남북 공동 선언을 발표하기도 했다. 이를 통해 남과 북은 이해와 신뢰의 폭을 넓히고 대화와 협력, 평화와 공존의 시대로 나아가는 민족사의 전환기를 마련할 수 있었다.

주체사상탑

북한 수도 평양 모습

조국 통일 3대 헌장 기념탑

평양 아리랑 공연

북한은 평화 통일을 위해 대화를 진행하면서도 뒤에선 끊임없이 무력 도발을 자행하는 이중적인 모습을 보이기도 했다. 2010년 이후로는 핵무기 개발, 천안함 사건, 연평도 포격 사건 등이 일어나 남북 관계가 악화되기도 했다. 북한은 아직까지도 도발적인 미사일 발사와 핵실험을 하는 등 한반도의 평화를 위협하고 있다. 이처럼 어려운 상황을 극복하고 민족의 평화 통일을 이룩해야만 하는 큰 숙제를 떠안고 있다.

우리나라가 통일되기 위해서는 여러 가지 해결해야 할 과제가 많이 있다. 남북분단 이후 남과 북은 오랫동안 서로 다른 체제와 환경 속에서 살아왔기 때문에 무엇보다도 서로에 대한 인식과 문화 차이를 극복하는 것이 중요하다. 이 과정에서 남북 간에 신뢰를 회복하고 서로 이해하고 타협하려는 노력이 필요하다.

6.25 전쟁 이후 60여 년 동안 분단된 채 살아온 남과 북은 21세기 들어 평화와 화해로 가는 길을 열기 시작했다. 근래에 와서 북핵 문제 등으로 관계가 다시 악화되어 가고 있지만, 이럴 때 일수록 많은 대화가 더욱 필요하다.

우리나라는 경제력에서 북한과는 비교가 되지 않을 만큼 발전해 있다. 따라서 이러한 국력과 성숙된 민주 시민 의식을 바탕으로 남북 관계를 주도할 수 있다. 그리고 분단 현실 속에서 남북한 간의 적대 의식을 없애려는 노력도 필요하다. 남과 북이 화해, 교류와 협력을 통해 민족의 평화 통일이 이루어 질 수 있다.

이처럼 평화 통일을 위한 노력이 계속 이어진다면 반세기 이상 지속된 분단 상황을 극복하고 통일된 한민족을 이룰 수 있을 것이다. 통일이 되면 남한의 자본과 기술, 북한의 자원과 노동력이 합쳐지면서 엄청난 경제 발전을 이룰 수 있고, 해마다 국방비로 소모되는 엄청난 돈을 절약할 수 있다. 그리고 더 나아가 세계 각국에 거주하고 있는 재외 동포와 한민족 공동체를 형성하여 대한민국은 21세기 강대국이 될 수 있다.

2. 세계로, 미래로 나아가는 대한민국

광복 이후 우리나라는 6·25 전쟁, IMF 관리 체제 등과 같은 여러 시련과 위기가 있었다. 그러나 그때마다 국민들의 노력으로 이를 극복할 수 있었다. 또한 많은 사람의 노력과 희생으로 민주주의를 발전시킬 수 있었다. 오늘날 우리나라는 세계에서 손꼽을 만큼 큰 경제 규모를 가진 세계 경제 대국으로 발전했고, 이제는 우리보다 어려움을 겪는 다른 나라를 도와줘야만 하는 의무를 가지고 있다.

서울 올림픽 기념 우표(호돌이)

우리나라는 스포츠 강국으로서의 면모를 보이며 국제 사회에서 한국의 위상을 높였다. 1988년 서울에서 제24회 올림픽을 개최하며 종합 성적 4위라는 성과를 만들어냈고, 2002년에는 FIFA월드컵을 일본과 공동 개최하며 4강 진출이라는 쾌거를 이루어내기도 했다. 이제 우리나라는 다양한 종목에서 세계적으로 유명한 운동선수들을 배출하며 대내외에 스포츠 강국의 입지를 굳건히 하게 됐다.

사회 발전과 함께 문화도 다양해지고 그 수준이 높아지며 한국 문화는 세계에 널리 알려지고 있다. 최근 들어 '한류'라 하여 일본·중국·동남아 지역은 물론 유럽과 미국을 비롯한 세계 각국에 대한민국 문화가 인기를 끌고 있다. 우리나라 가수들의 노래는 세계 어느 나라를 가도 쉽게 들을 수 있게 됐고, 우리에게 인기 있는 가수는 다른 나라 청소년들

베를린 장벽 붕괴와 독일 통일(1990년 10월)

임진각 통일을 소원하는 메모지(경기 파주)

에게도 선망의 대상이 되고 있다. 그들은 우리나라 가수들의 노래를 부르고 춤을 따라 추면서 우리의 문화를 쉽게 접할 수 있다.

TV 드라마 또한 인기를 끌기 시작했는데, 특히 드라마 '겨울연가'는 일본에서 많은 이의 사랑을 받으며 드라마 속에 등장한 우리나라의 장소가 일본 여행객들 사이에서도 선풍적인 인기를 끌었다. 또한 드라마 '대장금'은 아시아는 물론 아프리카, 유럽 등 전 세계로 수출되어 한류 드라마 열풍을 일으켰고, 비빔밥을 비롯한 우리의 음식 문화를 전 세계로 알리는 역할도 했다.

우리나라가 엄청난 경제 발전을 이루며 한국 기업들 또한 전 세계로 진출하여 활발한 기업 활동을 하고 있다. 우리 기업이 생산한 자동차는 국내뿐만 아니라 해외에서도 쉽게 볼 수 있을 정도로 많은 나라로 수출되고 있다. 휴대폰, 반도체 등의 전자 제품이 전 세계로 수출되며 글로벌 기업으로 성장하도록 하는 원동력이 되고 있다. 석유와 같은 에너지 자원이 없는 우리나라가 이렇게 경제 강국으로 성장할 수 있었던 데에는 이와 같은 기업과 그곳에서 일하는 근로자들의 노력이 매우 큰 역할을 했다.

우주로 날아가는 인공 위성 "나로호" 발사체 모습(2013년 1월 30일)

우리 나라	조 선 시 대		

주요 사항

1863 고종 즉위, 흥선 대원군 집권		
1864 동학 교조 최제우, 처형		1878 일본 제일 은행, 부산에 지점 설치
1865 경복궁 중건 착공		1879 지석영, 종두법 실시
1866 병인박해	1869 흥인지문, 개축 완료	1880 수신사 파견(2차)
미국 상선 제너럴셔먼호 사건	1871 신미양요, 척화비 건립	1881 영남 만인소
병인양요	1873 고종, 친정 선포	조사 시찰단 파견
1867 육전조례 간행	1875 운요호 사건	영선사 파견
1868 독일 상인 오페르트,	1876 강화도 조약 체결	별기군 창설
남연군 묘 도굴	수신사 파견(1차)	최시형, 동경대전 간행

연대

1800

주요 사항

1863 링컨, 노예 해방 선언	1869 수에즈 운하 개통	1878 독일, 사회주의자 진압법 제정
1864 국제 적십자사 창립	1870 프로이센 · 프랑스 전쟁(~1871)	1879 독일, 오스트리아 동맹 결성
제1 인터내셔널 성립	1871 독일 통일	1881 러시아, 알렉산드로 2세 암살
1865 멘델, 유전 법칙 발견	트로이 유적 발굴	
1866 프로이센 · 오스트리아 전쟁	1872 삼제 동맹(독일 · 오스트리아 · 러	
1867 북독일 연방 성립	시아) 성립	
1868 일본, 메이지 유신	1873 독일, 문화 투쟁	
	1875 영국, 수에즈 운하 주권 매수	
	1876 미케네 유적 발굴	
	1877 인도 제국 성립	

중국	청(淸, 1636~1911)
일본	메이지(明治) 시대(1868~1912)
서양	근 대 사 회

조　　선　　시　　대

1882 조·미 수호 통상 조약 체결

　　조·영 수호 통상 조약 체결

　　임오군란

　　조·청 상민 수륙 무역 장정 체결

1883 한성 순보 발간

　　전환국 설치

　　원산 학사 설립

1884 우정총국 설치

　　갑신정변

1885 거문도 사건

　　서울·인천 간 전신 개통

　　알렌, 광혜원 설립

1886 노비 세습제 폐지

　　육영 공원 설립

1887 조선 전보 총국 설치

　　상공 회의소 설립

1889 방곡령 선포

　　기선 회사 설립

1892 명동 성당 착공

1893 동학 교도, 보은 집회

　　전화기 도입

1894 동학 농민군, 백산 봉기

　　교정청 설치

　　갑오개혁

　　홍범 14조·독립 서고문 발표

1882 삼국 동맹 성립(독일·오스트
리아·이탈리아,)

1884 청·프랑스 전쟁(~1885)

1885 청·일, 톈진 조약 체결

　　인도, 국민 회의 창립

1887 프랑스령 인도차이나 성립

1889 일본, 제국 헌법 공포

1890 영국, 남아프리카공화국 식민
지배

1893 디젤 기관 발명

1894 청·일 전쟁(~1895)

　　쑨원, 홍중회 조직

청(淸, 1636~1911)

메이지(明治) 시대(1868~1912)

근　　대　　사　　회

연표

우리 나라	조선 시대	대 한 제 국 시 대	

주요 사항

		1901 금 본위제 채택	
1895 을미개혁		1902 서울·인천 간 전화 개통	
유길준, 서유견문 저술	1897 대한 제국 성립	경의선 철도 기공식	
삼국 간섭	1898 만민 공동회 개회	하와이 이민 시작	1905 화폐 정리 사업 실시
김홍집 내각 성립(3차)	최시형 처형	1903 YMCA 발족	경부선 개통
을미사변	독립 협회, 관민 공동회 개최,	1904 한·일 의정서 체결	헌정 연구회 조직
1896 태양력 사용	독립 협회 해산	원산·인천 간 전화 개통	을사늑약 체결
아관 파천	1899 대한국 국제 반포, 경인선 개통	보안회, 황무지 개간권 요구에 반대운동	을사 의병
독립신문 발간	1900 만국 우편 연합 가입	베델·양기탁, 대한 매일 신보 창간	서전 서숙 설립(간도)
독립 협회 설립		제1차 한·일 협약 조인	1906 통감부 설치

연대

1800　　　　　　　　　1900

주요 사항

1895 시모노세키 조약 체결	1897 독일군, 자오저우만 점령	1902 영·일 동맹	1905 제1차 모로코 사건
뢴트겐, X선 발견	1898 청, 변법 자강 운동 추진	1903 라이트 형제, 비행기 발명	포츠머스 강화 조약 체결
마르코니, 무선 전신 발명	파쇼다 사건	포드, 자동차 회사 설립	쑨 원, 중국 혁명 동지회 결성
1896 제1회 올림픽 대회	퀴리 부처, 라듐 발견	1904 러·일 전쟁(~1905)	인도 국민회의, 4대 강령 발표
	1899 보어 전쟁		1906 샌프란시스코 대지진
	헤이그 만국 평화 회의 개최		미국, 세계 최초의 라디오 방송

중국	청(淸, 1636~1911)
일본	메이지(明治) 시대(1868~1912)
서양	근　　대　　사　　회

대 한 제 국 시 대		일 제 강 점 기	
1907 국채 보상 운동 시작	1908 서울 진공 작전 전개	1910 안중근, 뤼순 감옥에서 순국	1912 조선 태형령 시행
헤이그 특사 파견	삼림법 공포	경학사 · 신흥 강습소 설치	경찰범 처벌 규칙 시행
국문 연구소 설치	장인환 · 정명운, 스티븐스 사살	13도 의군 결성	독립 의군부 조직
고종 황제 퇴위	월간지 소년 창간	국권 피탈	1913 대한인 부인회 조직(하와이)
한 · 일 신협약(정미 7조약) 조인	동양 척식 주식 회사 설립	조선 총독부 설치	안창호, 흥사단 조직
신문지법 공포	1909 나철, 대종교 창시	회사령 공포,	왕십리선 전차 운행
군대 해산 조칙 발표	박은식, 유교 구신론 발표	토지 조사 사업(~1918)	1914 이상설, 대한 광복군 정부 수립
순종 황제 즉위	일본, 청과 간도 협약 체결	1911 토지 수용령 공포	박용만, 국민 군단 조직
간도, 출장소 개설	안중근, 이토 히로부미 사살	105인 사건	경원선 개통

1907 삼국 협상 성립	1908 이란, 페르시아 유전 발견	1910 핼리 혜성 출현	1912 중화 민국의 성립
피카소, 아비뇽의 여인들 완성	제4회 런던 올림픽 개최	1911 이탈리아 · 터키 전쟁	제1발칸 전쟁 발발
프랑스, 헬리콥터 최초 비행	청, 서태후 사망, 선통제 즉위	중국, 신해 혁명	미국, 윌슨 대통령 당선
	1909 피어리, 북극 탐험	아문센, 남극 탐험	1914 제1차 세계 대전(~1918)
			파나마 운하 개통

	청(淸, 1636~1911)		중화 민국(中華民國, 1912~1949)
	메이지(明治) 시대(1868~1912)		다이쇼(大正) 시대(1912~1926)

근 대 사 회

연표			

우리 나라	일 제 강 점 기			

주요 사항

1912 대한독립의구부 조직, 대한인국민회			1922 조선 민립 대학 기성 준비회 조직
1913 흥사단 설립(미국 샌프란시스코, 안창호)	1919 창조 창간	1920 조선일보 · 동아일보 창간	안창남, 모국 방문 기념 비행
1915 대한 광복회 결성	2 · 8독립 선언(일본 도쿄)	봉오동 전투, 청산리 대첩	어린이날 제정
1915 한일 은행 개점	3 · 1 운동	개벽 창간	1923 국민 대표회 개최(상하이)
1916 박중빈, 원불교 창시	대한민국 임시 정부 수	조선 물산 장려회 창립 총회	김상옥 의거
세브란스 의학 전문 학교 개교	립(중국 상하이)	간도 참변(경신대참변)	신채호, 조선 혁명 선언서 작성
1917 한강 인도교 준공	제암리 학살 사건	1921 대한 독립 군단 조직	조선 물산 장려회 창립 총회
1918 서당 규칙 공포 시행	강우규 의거	김익상 의거	형평사 창립
신한 청년당 조직(상하이)	대한 애국 부인회 조직	조선어 연구회 창립	조선 교육회 설립
무오독립선언서 발표	의열단 결성(상하이)	자유시 참변	1923 암태도 소작 쟁의

연대

1900

주요 사항

1911 일본, 다이쇼 데모크라시	1919 파리 강화 회의 개최	1920 국제 연맹 성립	1922 국제 사법 재판소 설립
1915 독일 비행선, 런던 공습	간디, 비폭력 저항 운동 개시	미국, 금주법 시행	이집트, 독립 선언
독일, 최초 금속제	중국, 5 · 4운동 전개	국제 연맹 총회(제네바)	이탈리아, 무솔리니 내각 성립
비행기 등장	독일, 바이마르 헌법 제정	1921 중국 공산당 결성	1923 일본, 관동 대지진 발생
1916 영국군, 세계 최초 탱크 사용		워싱턴 회의 개최	
1917 러시아, 2월 혁명 · 10월 혁명			
1918 미국 윌슨 대통령, 14개조 평			
화 원칙 발표			

중국	중화 민국(中華民國, 1912~1949)
일본	다이쇼(大正) 시대(1912~1926)
서양	근 대 사 회

일 제 강 점 기

1924 조선노동총동맹 결성	1927 신간회 · 제정근우회 결성		
조선청년총동맹 결성,	조선농민총동맹 결성	1931 조선어 학회 설립	1933 한글 맞춤법 통일안 제정
신민회 조직	경성 방송국 개국	신간회 해소	1934 진단 학회 조직
1925 조선노동총동맹조직	1928 한국 독립당 조직	동아일보, 브나로드 운동 전개	과학 지식 보급회 조직
정의부 조직(만주)	1929 원산 노동자 총파업	만보산 사건	1935 민족 혁명당 조직
1926 경성 제국 대학 개설	국민부 조직	김구, 한인 애국단 조직	한국 국민당 조직
6 · 10 만세 운동	조선일보, 문자 보급 운동 전개	1932 이봉창 의거	1936 손기정, 베를린 올림픽 대회
나석주, 의거	광주 학생 항일 운동	윤봉길 의거	마라톤 우승, 남승룡 3위
가갸날(한글날)제정	1930 황해선 개통	쌍성보 · 영릉가 전투	동아일보 일장기 삭제 사건
치안유지법 제정	관부 연락선 취항	영흥가 · 흥경성 전투	안익태, 한국 환상곡 완성

1924 중국, 제1차 국공 합작	1927 린드버그, 대서양 횡단 성공	1931 만주 사변	1933 미국, 테네시 강 유역
몽골 인민 공화국 수립	1929 소련, 중화민국과 단교	1932 만주국 건국	개발 공사 설립
1926 장 제스, 북벌 시작	세계 경제 공황 발생		히틀러, 독일 총통에 취임
	호찌민, 베트남 공산당 창설		중국 공산당, 대장정 시작
	제1회 월드컵 개최		1935 독일, 재군비 선언

중화 민국(中華民國, 1912~1949)

쇼와(昭和) 시대(1926~1989)

근 대 사 회

연표

| 우리 나라 | 일   제   강   점   기 |

주요 사항

1937 최현배, 우리 말본 간행			
황국 신민 서사 제정	1940 창씨개명 강요		
조선 의용대 조직	조선어 학회, 외래어 표기법 통	1942 공출제 시행	
조선 민족 전선 연맹 결성	일안 발표	조선 의용대, 한국 광복군에 편입	1945 대한 민국 임시 정부,
1938 한글 교육 금지	조선일보·동아일보, 강제 폐간	조선어 학회 사건	독일에 선전 포고
한국어 사용금지, 일본어 사용 강요	한국 광복군 창설(충칭)	1943 징병제 공포	8·15 광복
국가 총동원법 공포	1941 대한민국 임시 정부,	진단 학회 해산	여운형, 조선 건국 준비
근로 보국대 조직	대한민국 건국 강령 발표	1944 미곡 공출제 실시	위원회 발족
1939 국민 징용령 공포	대한민국 임시 정부, 대일 선전	여자 정신대 근무령 공포	일본인 재산, 미군정청 귀속
국제 전화 개통(서울~상하이)	포고	여운형, 건국 동맹 조직	모스크바 삼국 외상 회의 개최

연대

1900

주요 사항

1936 이탈리아, 에티오피아 병합	1940 삼국(독일, 이탈리아, 일본) 동맹	1942 일본, 미드웨이 해전 패배	1945 얄타 회담
독일·오스트리아 군사 협정	1941 독일, 제트 전투기 제작	스탈린그라드 공방전	독일·일본 항복
프랑코 쿠데타, 에스파냐 혁명	스탈린, 소련 수상에 취임	1943 이탈리아 항복	미국, 세계 최초 핵 실험 성공
1937 중·일 전쟁	대서양 헌장 발표	모스크바 3국(미·영·소)	포츠담 선언
중국, 제2차 국공 합작	태평양 전쟁(~1945)	외상 회의	제2차 세계 대전 종결
난징 대학살		카이로 선언	유엔(UN) 성립
1939 독일, 제2차 세계 대전 발발		1944 노르망디 상륙 작전	유네스코(UNRSCO) 발족
폴란드 침공			뉘른베르크 재판 시작

중국	중화 민국(中華民國, 1912~1949)
일본	쇼와(昭和) 시대(1926~1989)
서양	근 대 사 회

대 　 한 　 민 　 국

		1949 반민족 행위 특별 위원회 발족	1951 1 · 4 후퇴
1946 미 · 소 공동 위원회 개최(1차)		농지개혁법 제정(6. 21)	반민족 행위 처벌법
이승만, 남한 단독 정부	1948 김구, 남북 협상 제의	김구 피살(6. 26)	폐지에 관한 법률 공포
수립 주장(정읍 발언)	제주 4 · 3 사건	반민족 행위 특별조사위원회	자유당 창당
김규식 · 여운형, 좌우 합작위원회 조직	5 · 10 총선거 실시	해산(1949. 10)	1952 발췌 개헌(1차 개헌)
1947 미 · 소 공동 위원회 개최(2차)	대한민국 정부 수립	1950 농지 개혁 실시	정 · 부통령 선거
유엔 한국 임시 위원단 구성	북한 정권 수립	6 · 25 전쟁	1953 반공 포로 석방
김구, 남한 단독 정부 수립 반대	반민족 행위 처벌법 제정	인천 상륙 작전	휴전 협정 조인
성명 발표	여수 · 순천 10 · 19 사건	9 · 28 서울 수복	한 · 미 상호 방위 조약 조인

1946 제1차 유엔 총회 개최	1948 소련, 베를린 봉쇄	1949 북대서양 조약 기구(NATO)	1952 미국,수소 폭탄 실험 성공
ENIAC 탄생(세계 최초의 전	유엔 총회, 세계 인권 선언 채택	성립	1953 영국 탐험 대원 힐러리,
자 계산기)		중화 인민 공화국 수립	에베레스트 세계 최초 등정
국제 부흥 개발 은행(IBRD)		1950 미국, 애치슨 선언	
발족		유엔, 한국전쟁 파병 결의	
파리 평화 회의		중국군, 6 · 25 전쟁 참전	
극동국제군사재판(도쿄전			
범재판)개최			
1947 미국, 마셜 플랜 발표			

중화 민국(中華民國, 1912~1949)	중화인민공화국(中华人民共和国, 1949~현재)

쇼와(昭和) 시대(1926~1989)

근 　 대 　 사 　 회

연표

우리 나라	대	한	민	국
주요 사항				
		1958 제4대 민의원 총선거		
		1959 경향신문 폐간	1961 5 · 16 군사 정변	1964 6 · 3 시위
		진보당 사건 (조봉암 사형 집행)	서울 텔레비전 방송국	미터법 시행
	1954 제3대 민의원 총선거	1960 3 · 15 부정 선거	(KBS-TV) 개국	1965 베트남 파병
	농지 개혁법 기한 만료	4 · 19 혁명	1962 제1차 경제 개발 5 개년 계획	한일 협정 조인
	제2차 개헌(사사오입 개헌)	제3차 개헌(내각 책임제 개헌)	공용 연호 서기로 변경	1966 한미 행정 협정 조인
	1956 제3대 정부통령 선거 실시	제5대 민참의원 총선거	1963 부산시, 직할시로 승격	1967 과학 기술처 신설
	진보당 창당(위원장 조봉암)	제4대 대통령 윤보선 취임	박정희 정부 수립	제6대 대통령 선거
	1957 한글 학회, 우리말 큰사전 완간	장면 내각 성립	제6대 국회 의원 총선거 실시	제2차 경제 개발 5개

연대

1900

주요 사항				
	1954 노틸러스호(원자력 잠수함) 진수	1958 유럽 경제 공동체(EEC) 발족	1961 소련, 유인 인공 위성 발사	1964 중국, 원자 폭탄 실험 성공
	인도차이나 휴전 성립	1959 쿠바 혁명, 카스트로 집권	1962 쿠바 봉쇄	중국, 문화 대혁명 시작(~1976)
	동남아시아 조약 기구(SEATO) 성립	달라이 라마, 인도 망명	1963 핵실험 금지 협정	1967 제3차 중동 전쟁
	1955 반둥 회의 개최	남극 조약 조인		
	1956 이집트, 수에즈 운하 접수			
	헝가리 · 폴란드, 반공 의거			
	1957 소련, 인공 위성 스푸트니크 1호			
	발사 성공			

중국	중화인민공화국(中华人民共和国, 1949~현재)
일본	쇼와(昭和) 시대(1926~1989)
서양	근　　대　　사　　회

대   한   민   국

			1978 12해리 영해법 공포
1968 1 · 21 사태			제2대 통일 주체 국민 회의
북한, 푸에블로호 납치	1971 제7대 대통령 선거	1973 6 · 23 평화 통일 선언	대의원 선거 실시
향토 예비군 창설	무령왕릉 발굴	제1차 석유 파동	제9대 대통령 선거
중학 입시 제도 폐지	1972 제3차 경제 개발 5개년 계획	1974 긴급 조치 선포	자연 보호 헌장 선포
국민 교육 헌장 선포	7 · 4남북 공동 성명	서울 지하철 1호선 개통	1979 YH 무역 사건
1969 3선 개헌안 변칙 통과	제1차 남북 적십자 회담	1975 정부, 방위세 신설	부 · 마 민주화 운동
1970 새마을 운동 제창	베트남 주둔 국군 철수 개시	1977 제4차 경제 개발 5개년 계획	10 · 26 사태
경부 고속 국도 개통	10월 유신	수출 100억 달러 달성	12 · 12 사태

1968 소련, 체코슬로바키아 민	1971 중국, 미국 탁구 팀 초청	1973 제4차 중동 전쟁	1978 미국 · 중국, 국교 수립
주화 운동 진압	중국, 유엔 가입	1975 베트남 통일	1979 이란, 이슬람교 혁명
1969 중 · 소 국경 분쟁	1972 닉슨, 중국 방문	1976 UN, 팔레스타인	중동 평화 조약 조인
서독, 할슈타인 원칙	아랍 게릴라, 뮌헨 올림픽 난입	건국 승인안 채택	소련, 아프가니스탄 침공
폐기 결정	테러	1977 동남아시아 조약 기구(SEATO)해체	
미국, 아폴로 11호 달 착륙	중 · 일 수교		
1970 미국, 닉슨 독트린 발표			
일본 요도호 여객기 납			
치 사건			

중화인민공화국(中华人民共和国, 1949~현재)

쇼와(昭和) 시대(1926~1989)

근   대   사   회

우리 나라	대		한		민		국	

주요 사항

	1983 KBS, 이산 가족 찾기	1987 박종철 고문 치사	1989 헝가리와 수교
	KAL기 피격	4 · 13 호헌 조치 선언	1990 3당 합당(민정, 민주, 공화당)
1980 5 · 18 민주화 운동	아웅산 사건	6월 민주 항쟁	소련과 국교 수립
KBS, 컬러 TV 첫 방영	1984 서울 지하철 2호선 개통	1988 한글 맞춤법 고시	남북한 총리 회담 개최
언론기본법 공포	88올림픽 고속 국도 개통	남극 세종 과학 기지 준공	1991 남북한 유엔 동시 가입
1981 연좌제 폐지	1985 남북 고향 방문단 교류	노태우 정부 수립	국제 노동기구(ILO) 가입
전두환 정부 수립	1986 서울 아시아 경기 대회	제24회 서울 올림픽	1992 인공 위성 우리별 1호 발사
1982 야간 통행 금지 해제	남극 조약 가입	대회 개최	중국과 국교 수립

연대

1900

주요 사항

1980 이란 · 이라크 전쟁	1983 미국, 유네스코 탈퇴	1987 미 · 소, 전략무기감축협상 조인	1989 독일, 베를린 장벽 붕괴
폴란드 자유 노조 출범	1984 영국 · 중국, 홍콩 반환	1988 이란 · 이라크 종전	루마니아, 공산 독재 정권 붕괴
1981 미국, 왕복 우주선	협정 조인	PLO 독립 선포	중국, 천안문 사태
컬럼비아호 발사	1985 멕시코시티 대지진		1990 독일 통일
1982 제1회 뉴델리 회의	1986 필리핀 민주 혁명		1991 발트 3국(에스토니아, 리투아
			니아, 리트비아) 독립
			독립 국가 연합(CIS) 탄생
			남아프리카 공화국, 인종 차
			별 정책 폐지

중국	중화인민공화국(中华人民共和国, 1949~현재)
일본	쇼와(昭和) 시대(1926~1989)
서양	근 대 사 회

대 　 한 　 민 　 국

1993 김영삼 정부 성립			
금융 실명제 실시		2001 남북한, 이산가족 서신 교환	
1994 북한, 김일성 주석 사망	1997 IMF 구제 금융 요청	2002 FIFA 월드컵 한일 공동 개최	2007 한·미 자유 무역 협정(FTA) 체결
1995 지방 자치제 실시	제15대 대통령 선거	제16대 대통령 선거 실시	남북정상회담 개최(2차)
유엔 평화 유지 활동(PKO)	1998 김대중 정부 성립	2003 노무현 정부 출범	2008 호주제 폐지
한국, UN 안보리	1999 우리별 3호 인공위성 발사	대구 유니버시아드	이명박 정부 출범
비상임 이사국 피선	2000 6·15남북 공동 선언	대회 개최	2010 천안함 피격 사건
1996 경제 협력 개발 기구	제3차 ASEM 개최	2004 이라크 파병	연평도 포격 사건
(OECD)가입	김대중 대통령 노벨평화상 수상	2005 APEC 정상 회의 개최	2013 박근혜 정부 출범

1992 유교 연방 해체	1997 영국, 중국에 홍콩 반환	2001 미국 뉴욕 세계	2008 오바마, 미국 제44대 대통령 당선
체코와 슬로바키아 분리 독립	1999 유로(EURO) 체제 출범	무역 센터 피폭	
1993 우루과이 라운드 타결	미국, 파나마 운하 반환	미국, 아프가니스탄 공격	
북미 자유 무역 협정 체결(NAFTA)	포르투갈, 중국에 마카오 반환	2003 미국·이라크 전쟁	
1994 이스라엘·요르단,			
평화 협정 체결			
1995 세계 무역 기구(WTO) 출범			

중화인민공화국(中华人民共和国, 1949~현재)

헤이세이(平成) 시대(1989~현재)

근 　 대 　 사 　 회

ㄱ

ㄴ

ㄷ

참고 문헌

강재언, 『한국의 개화 사상』, 비봉출판사, 1981.

고려대 한국사연구소, 『한국사』, 새문사, 2014.

국사편찬위원회, 『고등학교 국사』, 교육인적자원부, 2002.

국사편찬위원회, 『신편 한국사』 1-50권, 탐구당, 1994~1998.

김삼웅 편, 『사료로 보는 20세기 한국사』, 가람기획, 1997.

김태웅, 『뿌리 깊은 한국사 샘이 깊은 이야기』 5 -근대-, 솔출판사, 2002.

김한종 외, 『한국 근·현대사 교과서』, 금성출판사, 2005.

류시헌 외, 『미래를 여는 한국의 역사』 5 -일제강점기-, 웅진지식하우스, 2011.

민속원, 『한국 역사 민속학 강의』 1, 민속원, 2010.

박광일·최태성, 『교과서 밖으로 나온 한국사』 근현대, 씨앤아이북스, 2012.

박찬승 편, 『한국 근현대사를 읽는다』, 경인문화사, 2010.

변태섭 · 신형식, 『한국사통론』, 삼영사, 2006.

서중석, 『사진과 그림으로 보는 한국현대사』, 웅진지식하우스, 2009.

서중석, 『한국 현대 민족 운동 연구』, 역사비평사, 2002.

서중석, 『한국 현대사 60년』, 역사비평사, 2007.

송건호, 『한국현대사』, 두레, 1986.

송남헌, 『해방 3년사』 I II, 까치 글방, 1989.

신용하, 『독립협회 연구』, 일조각, 1976.

신형식 외, 『신 한국통사』, 주류성, 2014.

이기백, 『한국사신론』, 일조각, 1999.

이완범, 『해방 3년사』, 태학사, 2007.

이우태 외, 『대학생을 위한 한국사』, 경인문화사, 2015.

이종범 외, 『자료 한국 근현대사 입문』, 혜안, 1995.

정숭교, 『미래를 여는 한국의 역사』 4 -개항에서 강제 병합까지-, 웅진지식하우스, 2011.

조동걸, 『한말 의병 연구』, 한국독립운동사연구소, 1989.

한국사특강편찬위원회, 『한국사 특강』, 서울대출판부, 2008.

한국역사연구회, 『한국사강의』, 한울아카데미. 1989.

한국일보사, 『한국독립운동사 II -중국 본토에서의 투쟁』, 한국일보사, 1988.

한국일보사, 『한국독립운동사 III -국내에서의 투쟁』, 한국일보사. 1989.

한국학중앙연구원, 『한국 민족문화 대백과사전』, 한국학중앙연구원. 1991.

한영우, 『다시 찾는 우리 역사』, 경세원, 2001.

〈참고 웹 사이트〉

고전번역원

국사편찬위원회

독립기념관

두산 백과사전

문화재청

서울대 규장각 한국학연구원

장서각

한국역사정보통합시스템

참 한국사 이야기 4

근대~현대

기획	한국역사문화교육연구회

지은이	장득진(국사편찬위원회) · 이경찬(부천고등학교) · 이기명(죽전고등학교)
	김경수(계성초등학교) · 장성익(가주초등학교) · 이동규(연신초등학교)
검토	신익수(남대전고등학교) · 한기한(대전제일고등학교) · 명재림(근명중학교)
감수	최병도(전 경기고등학교) · 김병규(전 상당고등학교 교장) · 김유성(죽전고등학교 교장)

펴낸이	최병식
펴낸날	2018년 3월 14일
펴낸곳	주류성출판사
주소	서울특별시 서초구 강남대로 435 주류성빌딩 15층
전화	02-3481-1024(대표전화)
팩스	02-3482-0656
홈페이지	www.juluesung.co.kr

값 14,000원

ISBN 978-89-6246-338-5 44910(세트)

ISBN 978-89-6246-342-2 44910